机械制图与计算机绘图习题集

郭钦贤　主编
顾东明　戚　美　梁会珍　袁义坤　副主编

北京航空航天大学出版社

内容简介

本习题集与郭钦贤等编著的《机械制图与计算机绘图》教材配套使用。此习题集是在原《工程图学与计算机绘图习题集》(ISBN 7-81077-237-6)教材的基础上，根据学科的发展和教学要求修订而成。

习题集包括制图基础，点、线、面等投影理论，机械制图和计算机绘图等四部分内容。对传统的内容作了适当的精简，强调了计算机绘图内容和构形表达的习题。

本习题集可作为高等学校工科机械类、近机类各专业的机械制图及计算机绘图课程的练习教材，也可供各专业师生和工程技术人员练习参考。

图书在版编目(CIP)数据

机械制图与计算机绘图习题集/郭钦贤等编著. —北京：北京航空航天大学出版社，2008.8

ISBN 978-7-81124-398-7

Ⅰ.机… Ⅱ.郭… Ⅲ.①机械制图—高等学校—习题 ②自动绘图—高等学校—习题 Ⅳ.TH126-44

中国版本图书馆 CIP 数据核字(2008)第 091311 号

机械制图与计算机绘图习题集

郭钦贤 主 编

顾东明 戚 美 梁会珍 袁义坤 副主编

责任编辑 金友泉

*

北京航空航天大学出版社出版发行

北京市海淀区学院路 37 号(100083) 发行部电话：010-82317024 传真：010-82328026

http://www.buaapress.com.cn E-mail:pressell@publica.bj.cninfo.net

北京市松源印刷有限公司印装 各地书店经销

*

开本：787 mm×1 092 mm 1/8 印张：13.5 字数：346 千字

2008 年 08 月第 1 版 2008 年 08 月第 1 次印刷 印数：5 000 册

ISBN 978-7-81124-398-7 定价：17.00 元

前 言

本习题集是为满足高等学校工科机械类、近机类各专业的机械制图及计算机绘图课程的教学需要，在总结多年来教学实践和经验的基础上编写而成。

习题集的内容及编排顺序与教材完全一致，各章习题由易到难、由浅入深、前后衔接、题目典型，使用时可根据教师各自的教学经验作适当调整。涉及计算机绘图的题目不再重复编写，只单独给出绘制平面图形 9-1 的练习，其他练习题目已在前面 8 个章节中作了针对性的提示说明，读者可以根据实际所学的计算机绘图知识对相应章节的题目进行上机练习，从而保证教与学时练习的灵活性。

本习题集具有以下特点：

1. 为培养学生的发散思维能力和创新能力，习题集中有一题多种解法和一题多解的练习；

2. 为培养学生的空间构思、想象和表达能力，习题集中有构形表达练习；

3. 提高学生的独立思考和独立工作能力，配备了作业指导书；

4. 为增强学生的计算机绘图练习，相关习题的电子稿需要上传网络平台，以便下载练习；

5. 零部件中的题目采用了最新国家技术制图的表面结构标准。

参加本习题集编写的还有顾东明、戚美、梁会珍和袁义坤等。

由于编者水平所限，错误和不足之处在所难免，恳请读者批评指正。

编 者

2008 年 5 月

参考文献

[1] 刘朝儒，等. 机械制图. 北京：高等教育出版社，2001.

[2] 大连理工大学. 画法几何学. 北京：高等教育出版社，2003.

[3] 大连理工大学. 机械制图. 北京：高等教育出版社，2003.

[4] 华中理工大学等院校. 画法几何及机械制图. 北京：高等教育出版社，2007.

[5] 孙培先. 画法几何与工程制图学. 北京：机械工业出版社，2004.

[6] 王斌等. AutoCAD 2006 实用培训教程. 北京：清华大学出版社，2005.

[7] 何铭新，钱可强. 机械制图. 北京：高等教育出版社，2004.

[8] 范波涛，张慧. 画法几何学. 北京：机械工业出版社，1998.

目　录

1234567890
1234567890

ABCDEFGHIJKLM
NOPQRSTUVWXYZ

abcdefghijklm
nopqrstuvwxyz

尺寸左右内外前后主平立向比例系专业班级制描图审核序号名称材料
件数备注斜锥度投影俯仰视局部旋转技术要求螺栓钉母垫圈齿轮键销轴承弹簧零件装配图钢铸铁铜

1-2 斜度、锥度、比例、标注尺寸练习	班级	姓名	学号

1. 参照所示图形，用1∶4在指定位置处画出图形，并标注尺寸。

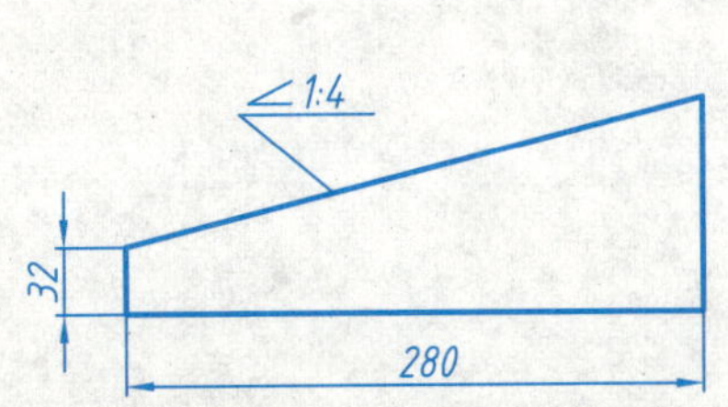

2. 参照所示图形，用1∶1在指定位置处画出图形，并标注尺寸。

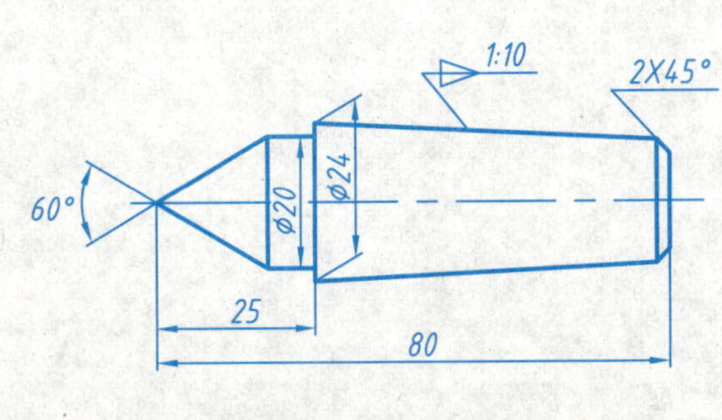

3. 参照所示图形，用1∶2在指定位置处画出图形，并标注尺寸。

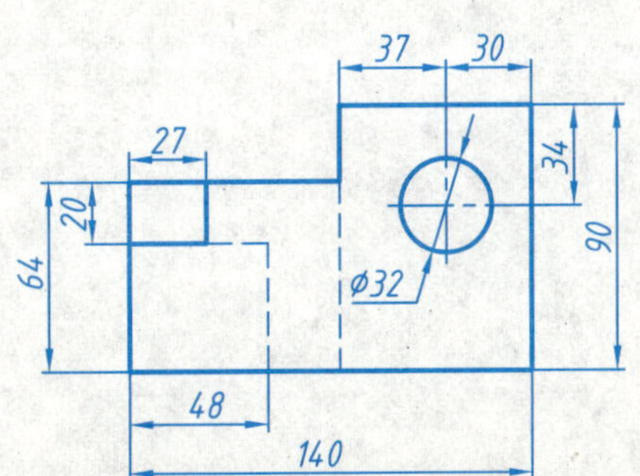

4. 标出下图未标的16个尺寸（包括箭头和尺寸数字），其箭头和尺寸数字大小以图中给出的为准，尺寸数值按1∶1从图中量取整数。

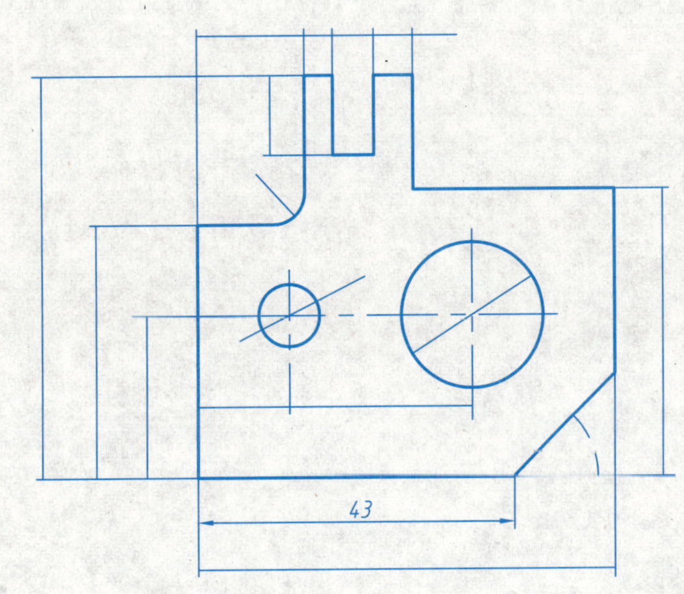

5. 检查图中尺寸注法的错误，将正确的注法注在空白图中。

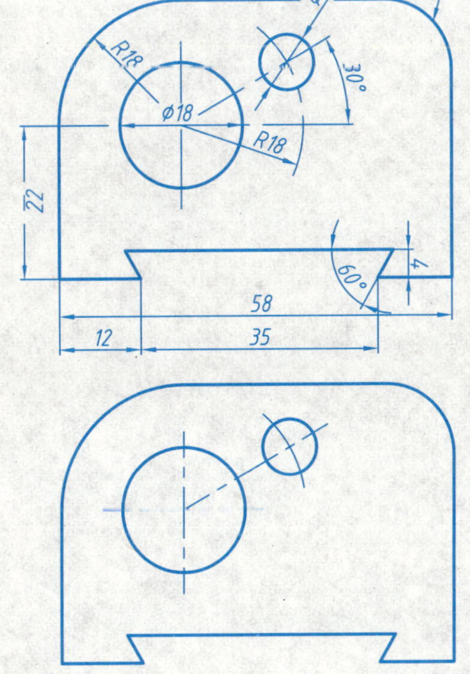

6. 参照右上方所示图形的尺寸，用1∶1在指定位置处完成图形，并加深。

1-3 线型、零件轮廓图形练习 | 班级 | 姓名 | 学号

在A3图纸上用1:1的比例，任意选画二个图形（建议先对所有零件轮廓图进行尺寸和线段分析）。

一、目的、内容与要求:

1. 目的、内容　初步掌握国家标准的有关内容，学会绘图仪器、工具的使用方法；分析平面图形尺寸，掌握圆弧连接的作图方法，按照国标规定标注尺寸。抄画：（一）线型图可以不注尺寸；（二）零件轮廓图形标注尺寸。
2. 要求　图形正确，布局合理，图面整洁；线型合格，宽度分明，连接光滑；尺寸完整，符合国标。

二、作业指示:

1. 采用A3幅面图纸并横放。先用H或HB铅笔画底稿，用线要轻、细。
2. 绘图前先认真进行线段分析，确定正确的作图步骤，先画中心（点画）线，再按已知、中间、连接线段画图。圆弧连接的各切点及圆心位置必须准确。
3. 画完底稿，检查无误方可按图线标准描深，最后填写标题栏。标题栏中名称统一填写"基本练习"，比例填写"1:1"。

（一）线 型

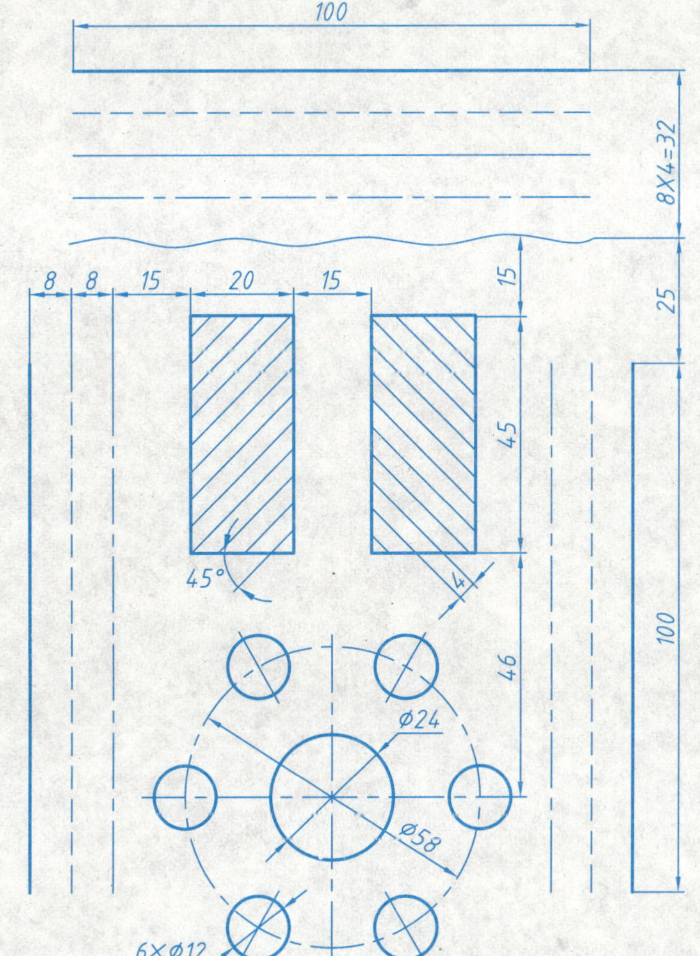

（二）零件轮廓

1. 起重钩

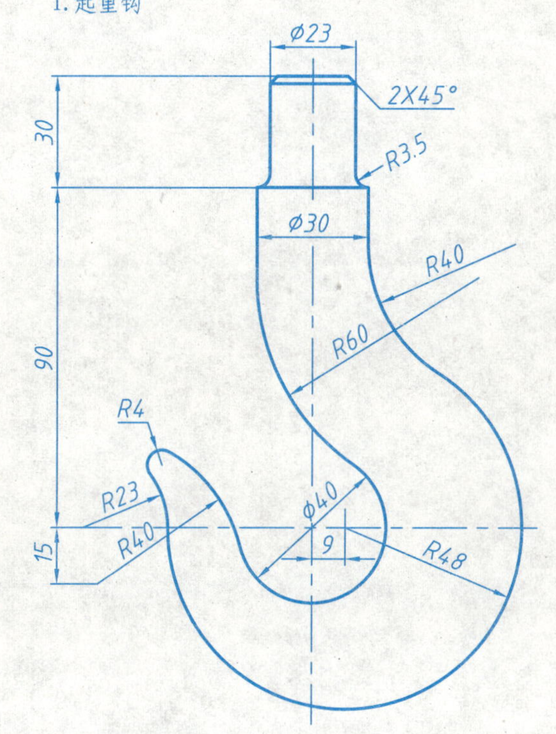

2. 卡 板

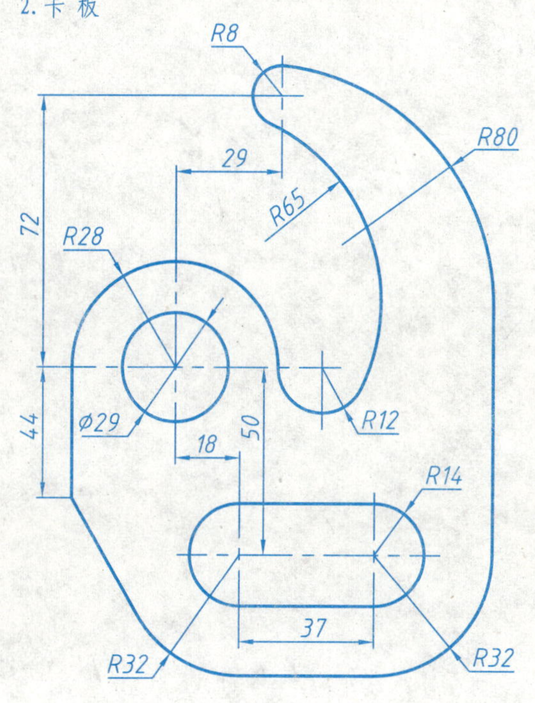

3. 挂轮架

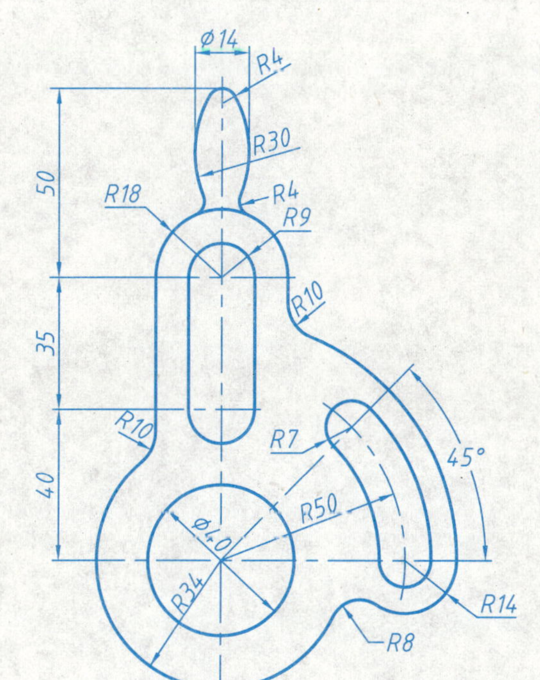

4. 摇 臂

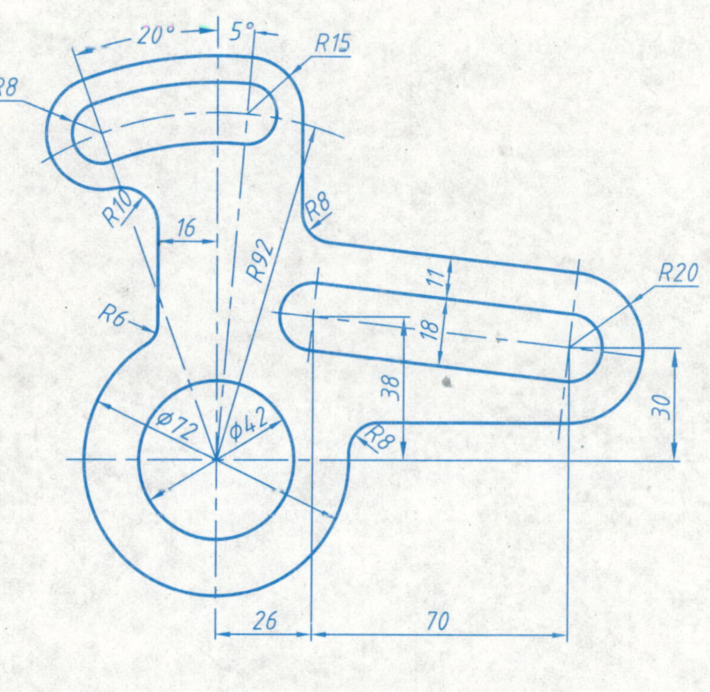

2-1 点的投影（根据专业不同可以选做题目，其中5～9题应全做）

班级 姓名 学号

1. 已知A、B、C三点的两面投影，求第三投影。

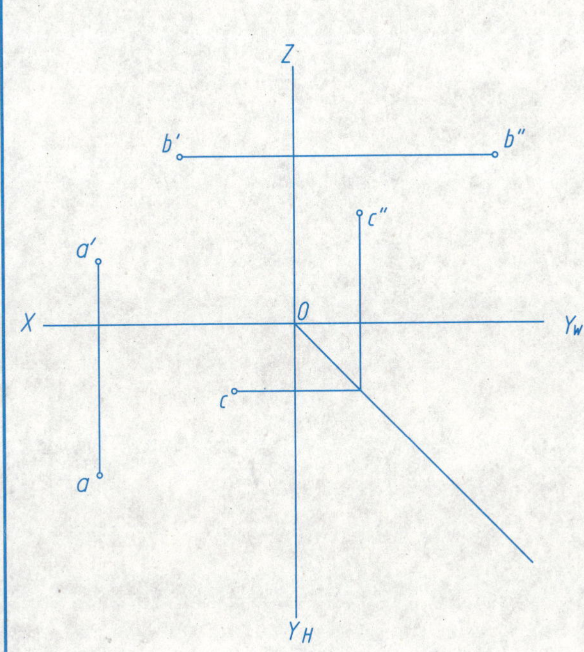

2. 根据点的坐标，作出它们的三面投影图及立体图，并写出点到三投影面的距离。

点的坐标	距H面	距V面	距W面
A (25,15,10)			
B (0,25,20)			
C (15,0,0)			

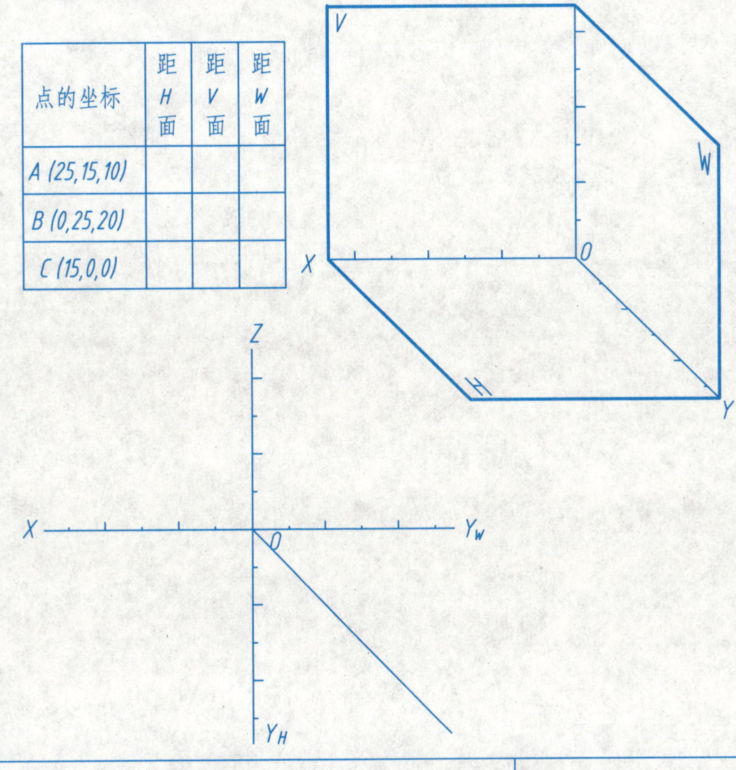

3. 已知A、B、C三点到各投影面的距离(见表)，画出各点的三面投影。

点	距H面	距V面	距W面
A	23	0	17
B	15	12	10
C	0	20	0

4. 已知A、B两点的一面投影，且知A点距H面25，B点在V面上，求作A、B两点的其余两面投影。

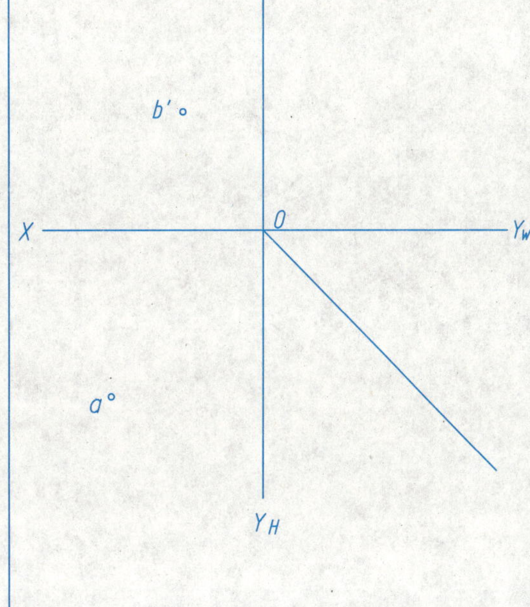

5. A点与V面、W面等距；B点与V面、H面等距；C点与H面、W面等距，完成它们的其余两投影。

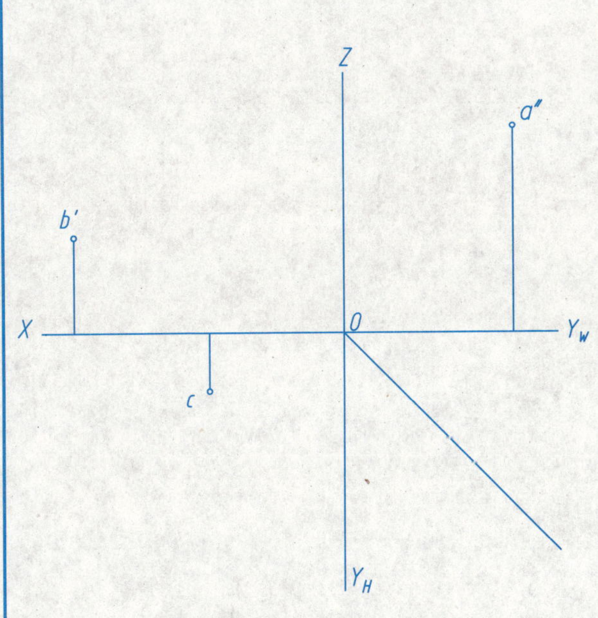

6. 已知各点的两面投影，试完成其第三面投影，并回答下列问题：

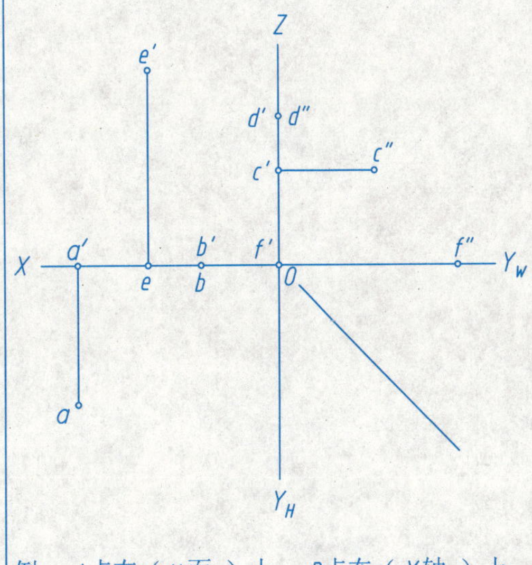

例：A点在（H面）上；B点在（X轴）上；
C点在（ ）上；D点在（ ）上；
E点在（ ）上；F点在（ ）上。

7. 已知点A(25, 20, 30)、B(15, 15, 20)、C(0, 15, 10)，作出各点的投影图，并指出A、B两点的相对位置。

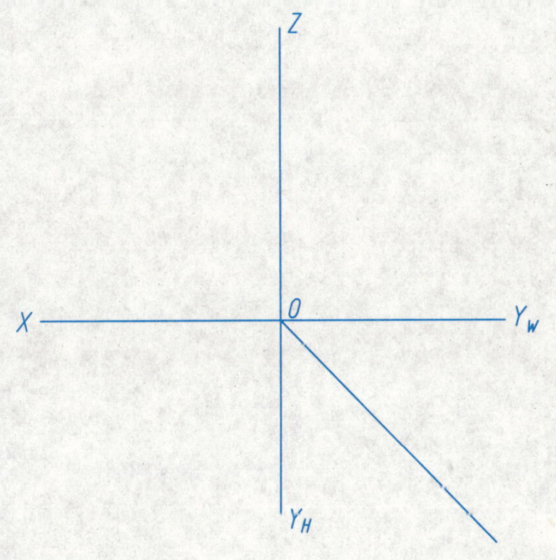

A点在B点的(上、下)____方____mm;
A点在B点的(左、右)____方____mm;
A点在B点的(前、后)____方____mm。

8. 已知B点在A点左方10，下方15，前方10；C点在A点的正前方15；试作B点和C点的三面投影。

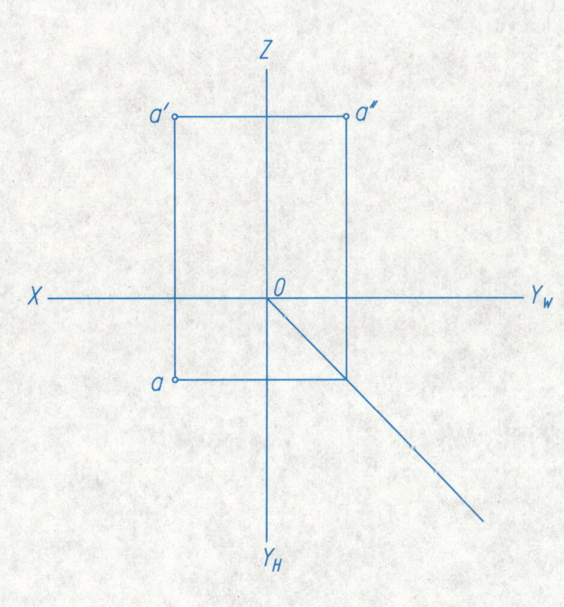

2-2 直线的投影

班级　　　　姓名　　　　学号

1. 根据下列直线的三面投影，填写其名称。

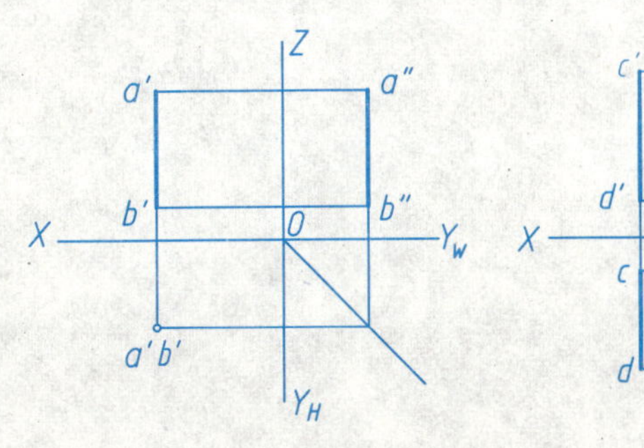

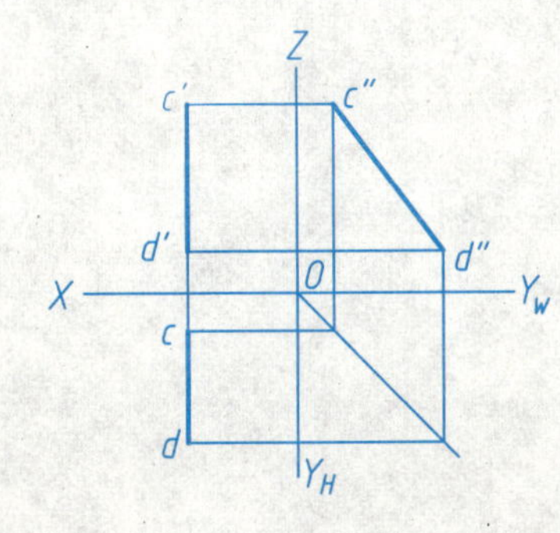

AB是＿＿＿＿线　　　　CD是＿＿＿＿线

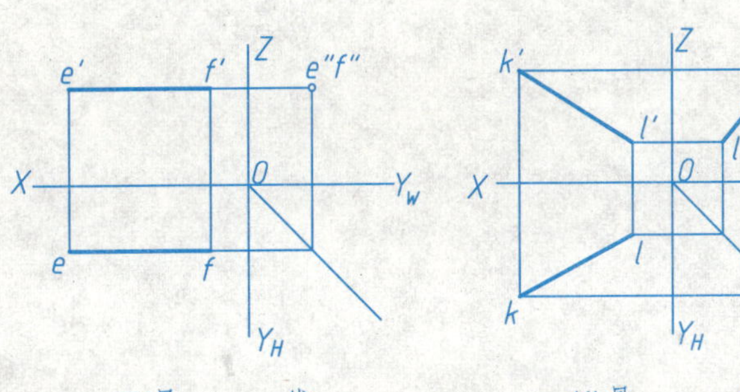

EF是＿＿＿＿线　　　　KL是＿＿＿＿线

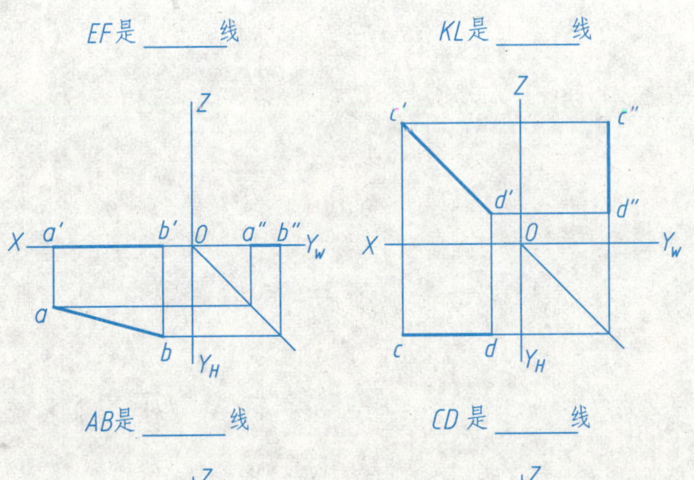

AB是＿＿＿＿线　　　　CD是＿＿＿＿线

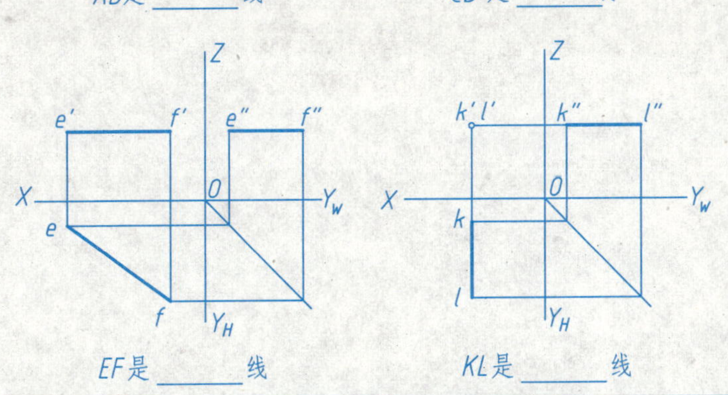

EF是＿＿＿＿线　　　　KL是＿＿＿＿线

2. 作下列直线的三面投影：

（1）水平线AB，从A点向左前，$\beta=30°$，长18。

（2）正垂线CD，从C点向后，长13。

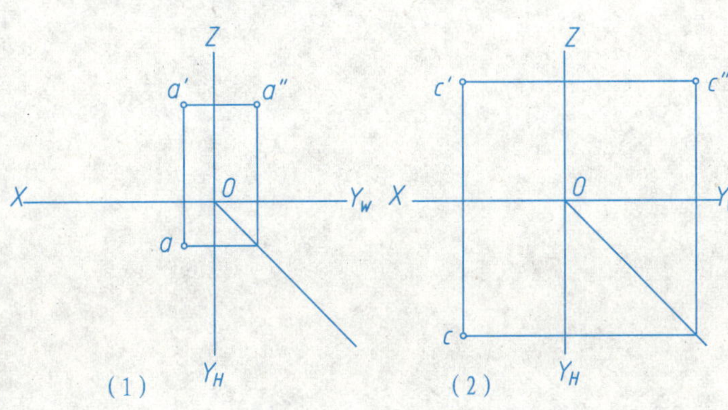

3. 求侧垂线EF的三面投影，已知EF长为25，距V面15，距H面20，左端点E距W面为30。

4. 已知AB的两面投影，试在AB上取一点C，使C距V、H两面的距离相等。

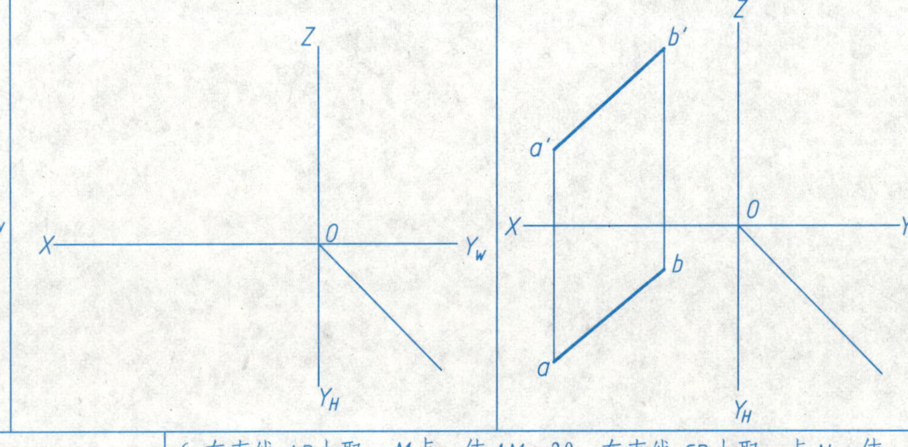

5. 已知K点在直线MN上，求直线MN及K点的三面投影。

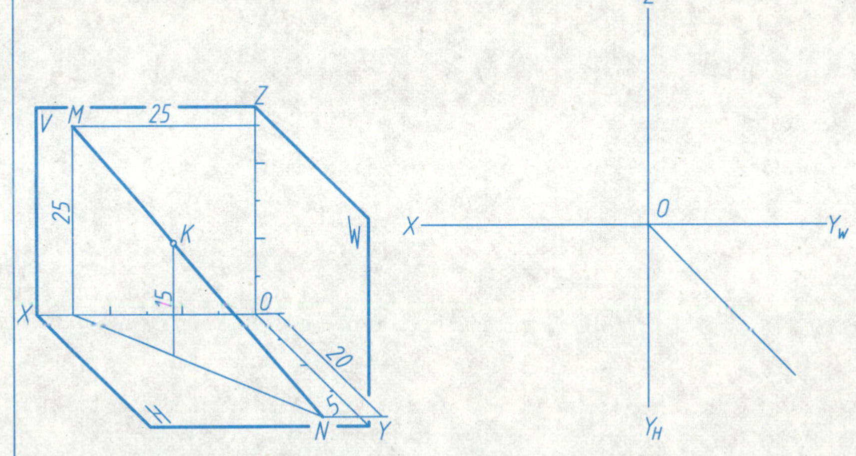

6. 在直线AB上取一M点，使AM = 20；在直线CD上取一点N，使CN∶ND = 2∶1，并判断K点是否在直线CD上。

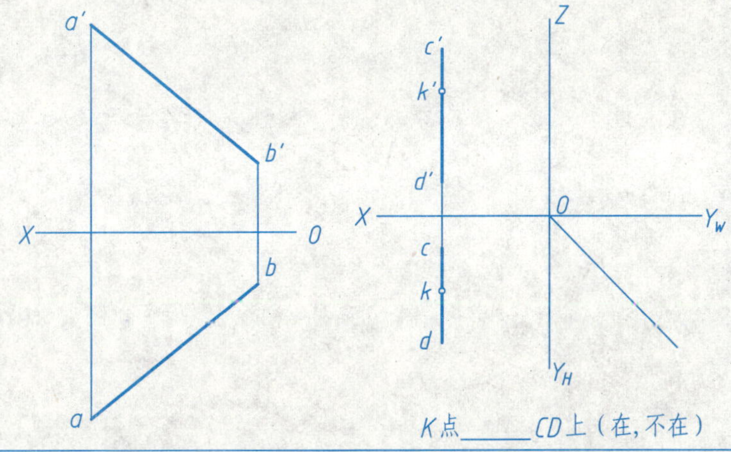

K点＿＿＿＿CD上（在，不在）

7. 已知线段与H面的夹角$\alpha=30°$，试用直角三角形法求：

（1）AB直线的正面投影；（2）CD直线水平投影。作出两题的所有解。

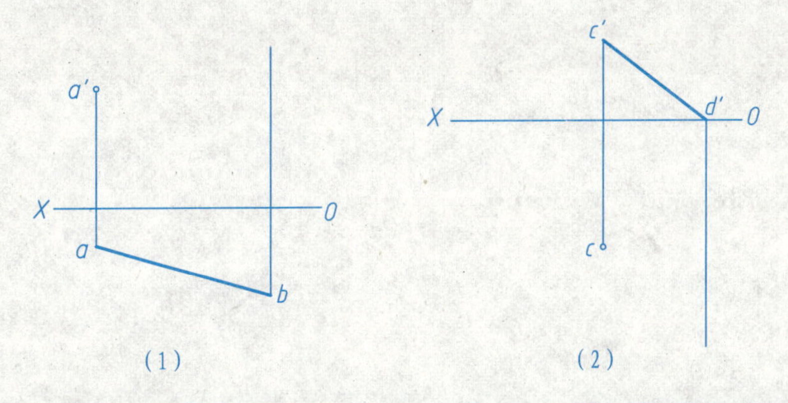

8. 已知A点与B、C两点等距，求C点的水平投影。作出所有解。

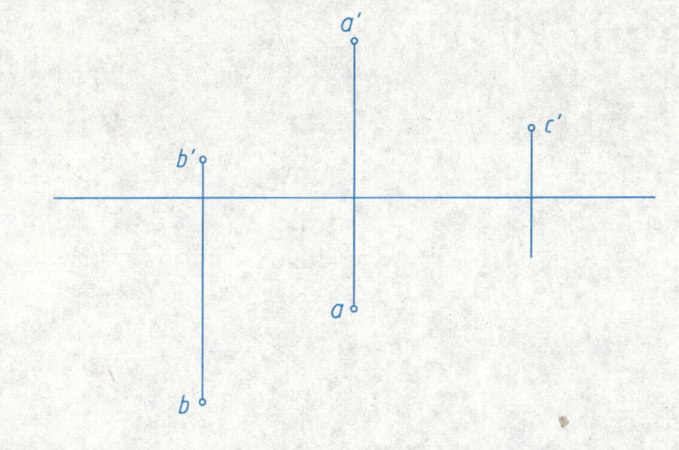

2-3 两直线的相对位置（注意直角投影定理作图）

班级　　姓名　　学号

1. 判断直线 AB、CD 的相对位置（平行、相交、交叉）。

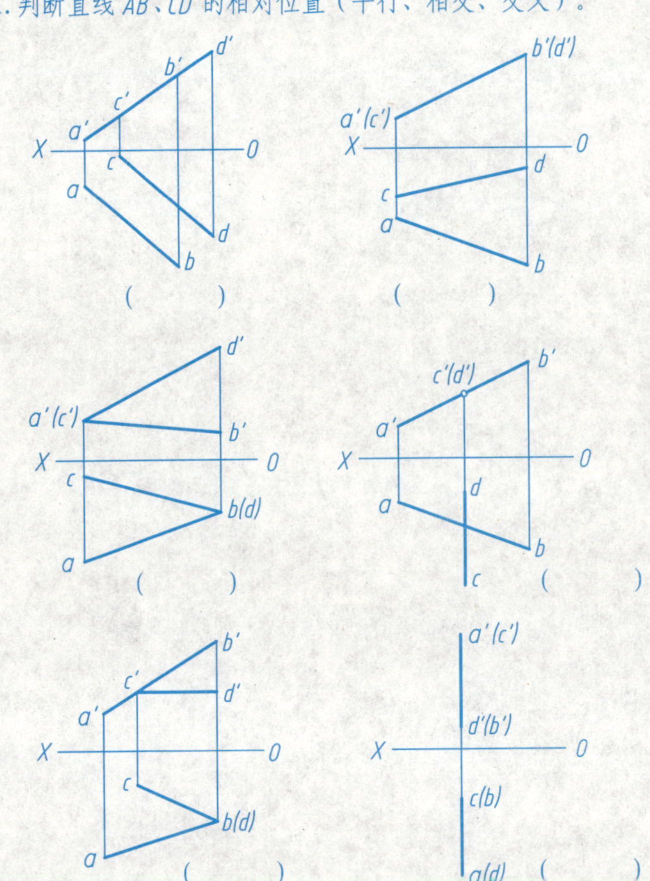

2. 判断两直线是否垂直（相交垂直、交叉垂直）。

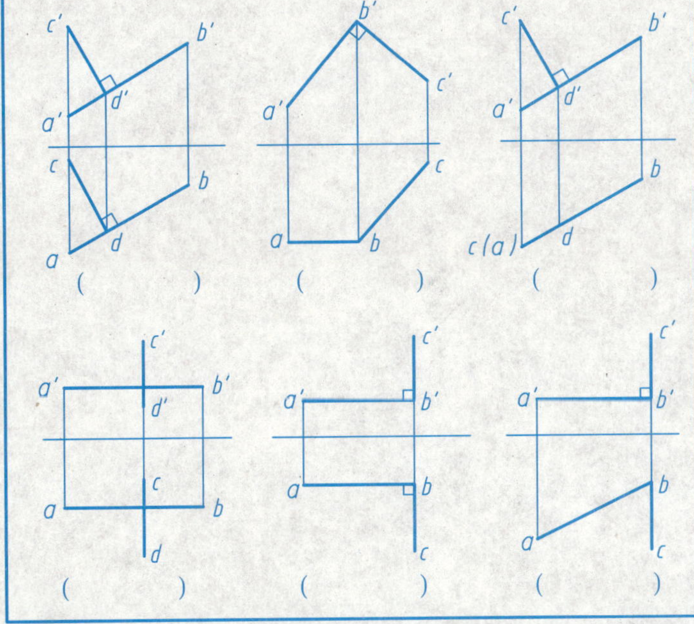

3. 过 K 点分别作直线 KE、KF，使 KE 与直线 CD 平行，KF 与直线 CD 垂直相交。

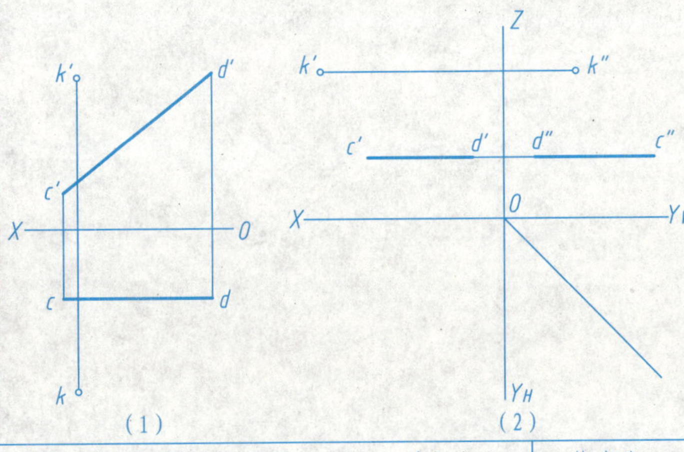

（1）　（2）

4. 已知直线 AB 与 CD 垂直相交，求 $c'd'$（作图方法不限）。

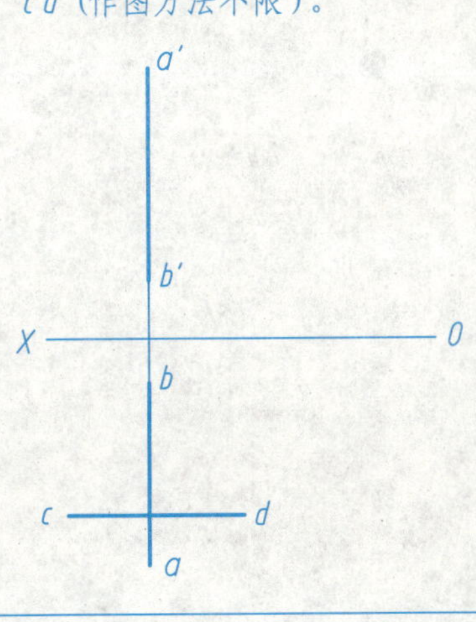

5. 作水平线 EF，距 H 面20，并与直线 AB、CD 相交。

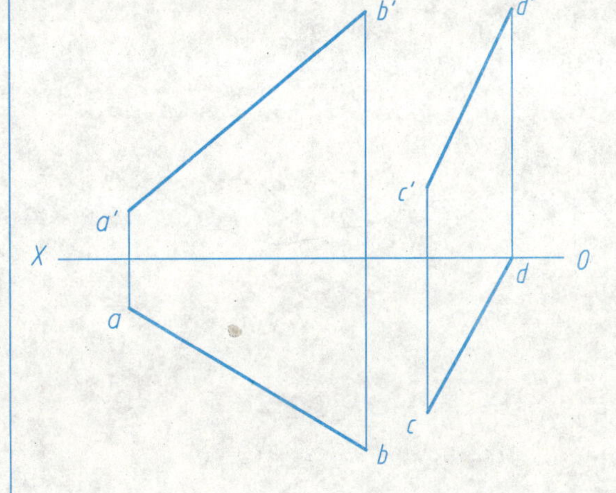

6. 过 P 点作直线 PK 与直线 AB 平行，并与直线 CD 相交于 K。

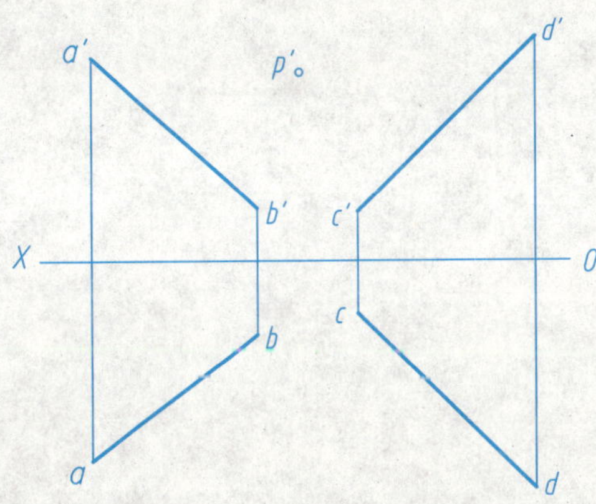

7. 作直线 EF 与直线 CD 平行，并与直线 AB 交于 K，且 $AK:KB=3:2$。

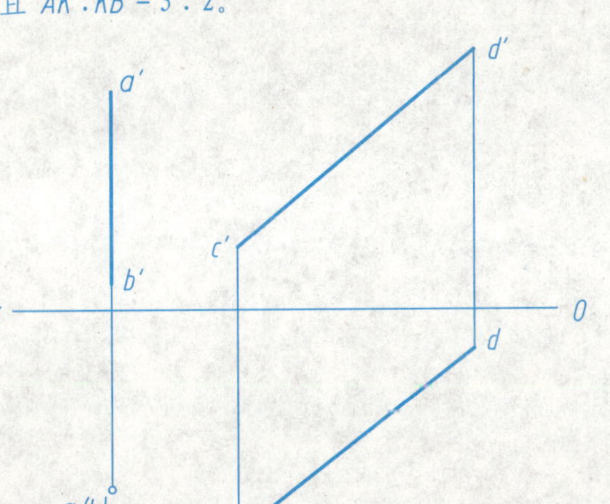

8. 作直线 MN 平行于 AB，且与 CD、EF 相交。

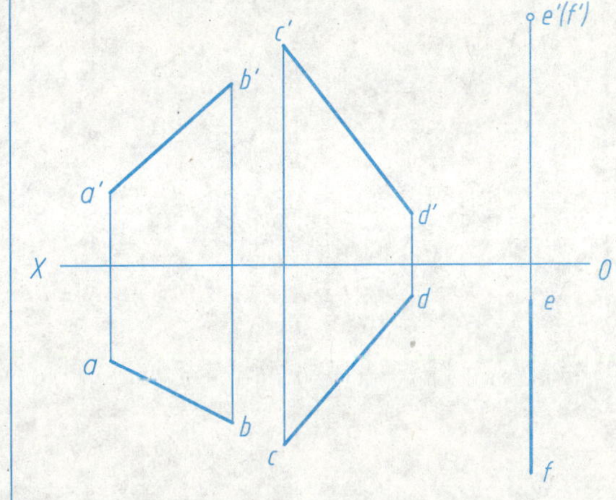

9. 过 C 点作一直线与直线 AB 和 OX 轴都相交。

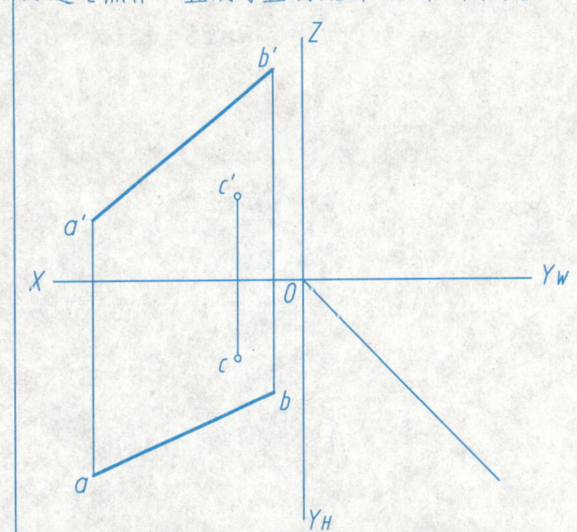

10. 求 C 点到直线 AB 的真实距离。

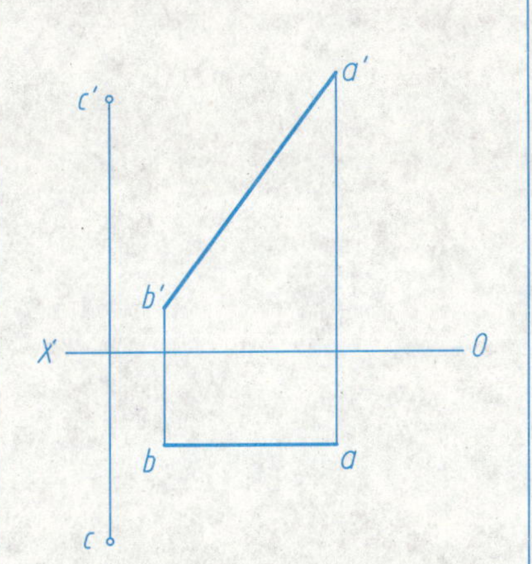

11. 求两直线 AB 和 CD 间的真实距离。

（1）　（2）

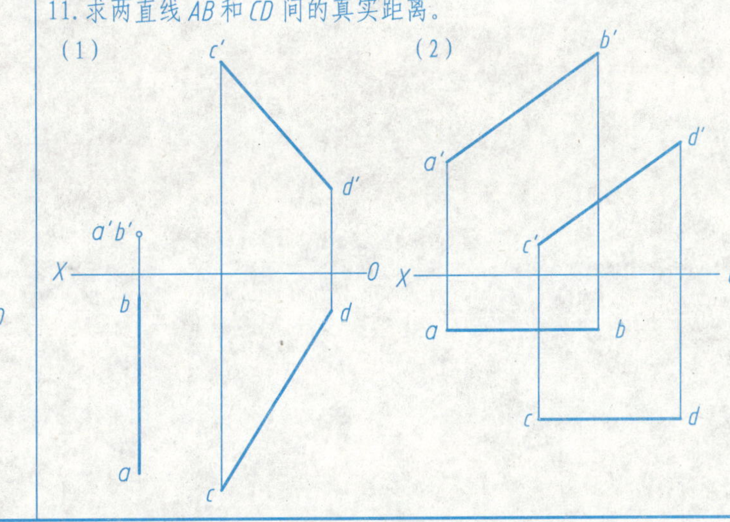

2-4 平面的投影

班级　　　　姓名　　　　学号

1. 画全下列图形的三面投影，并判别各平面在投影体系中的位置。

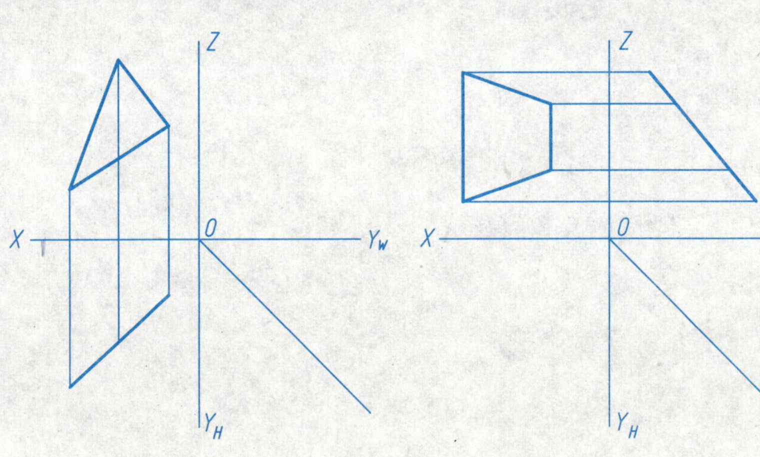

三角形是________面　　　　四边形是________面

平面图形是________面　　　　平面图形是________面

3. 作图判断A、B、C、D四点是否共面。

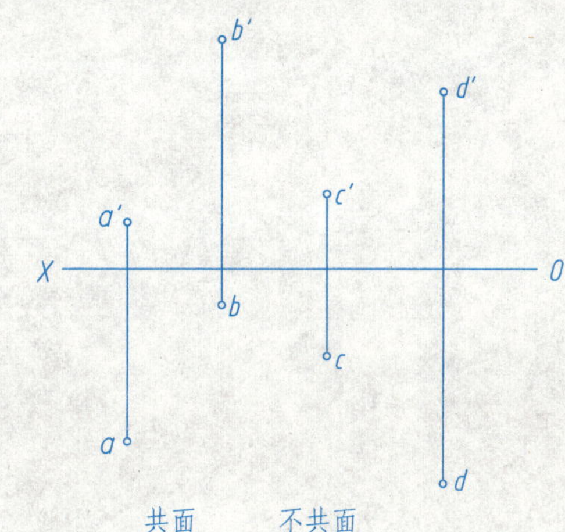

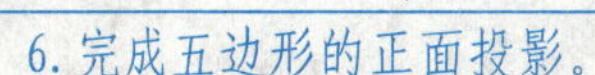

4. 已知K点在直线AB与C点所确定的平面内，试求k'，并判断M点是否在ABC平面内。

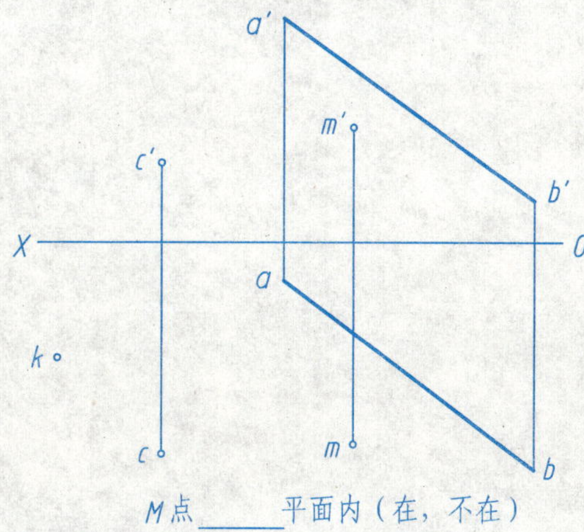

M点______平面内（在，不在）

5. 已知直线EF在直线AB、CD确定的平面内，作出其水平投影。

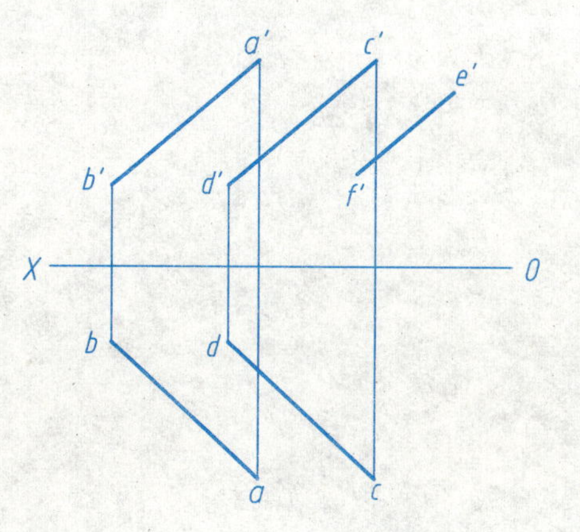

6. 完成五边形的正面投影。

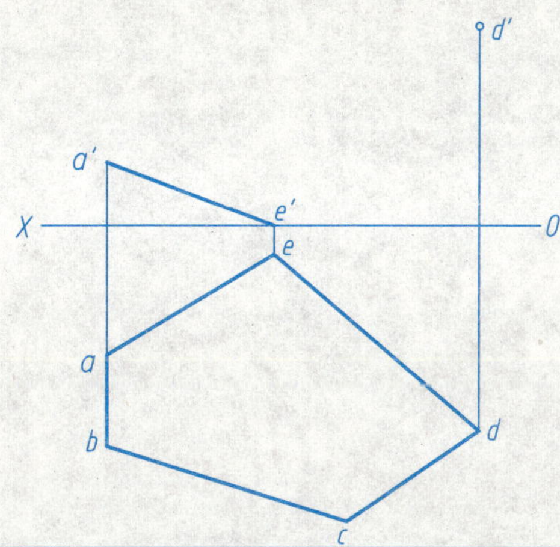

7. 已知△EFG在ABCD平面内，试求其水平投影。

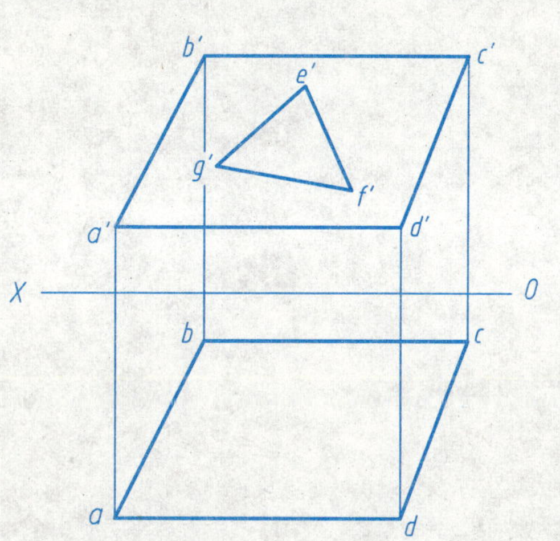

8. 已知直线MN属于△ABC，作出MN的三面投影。

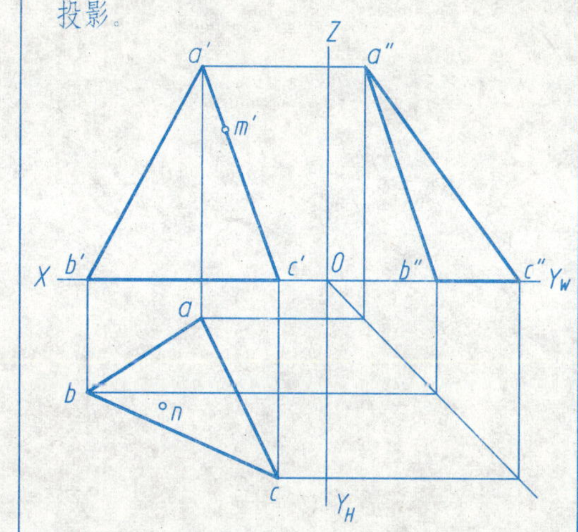

2. 已知△ABC 的水平投影，试完成另外两个投影。

（1）正垂面 $\alpha = 30°$；（2）侧垂面 $\beta = 60°$。

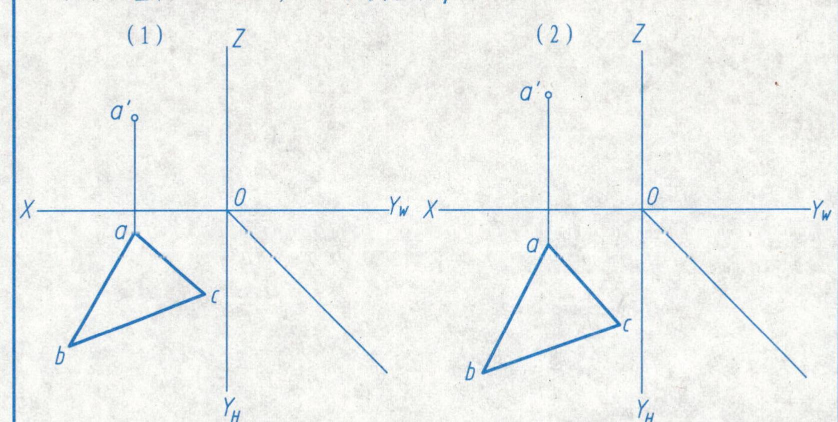

9. 已知CD为三角形△ABC平面内的一条正平线，完成平面的水平投影。

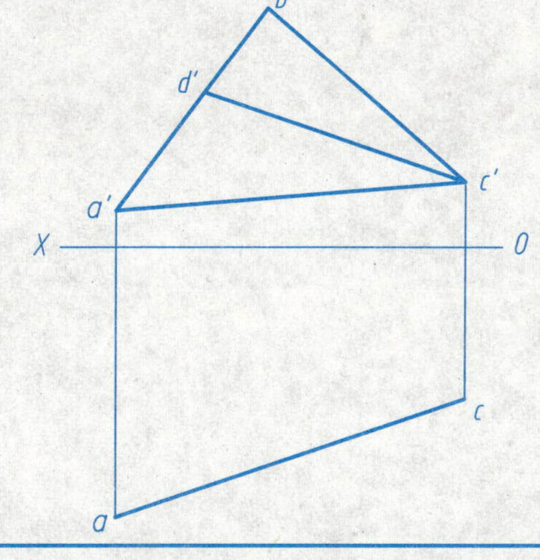

10. 已知AC为等腰直角△ABC的斜边，直角边BC在NC上，作出等腰直角△ABC的两面投影。

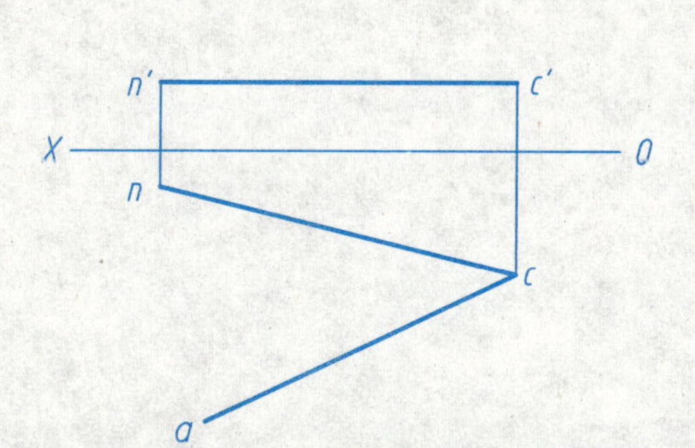

11. 求△ABC的实形。

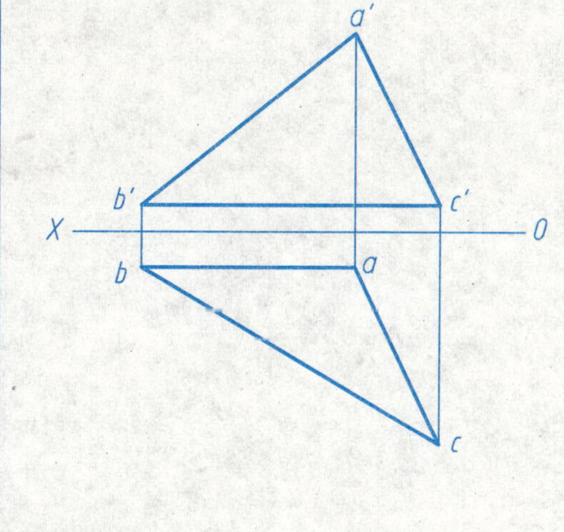

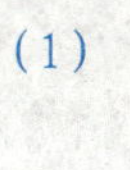

2-5 几何要素之间的相对位置（一）

班级　　姓名　　学号

1. 已知直线 DE 与△ABC 平行，作出 DE 的水平投影。

(1)　(2)

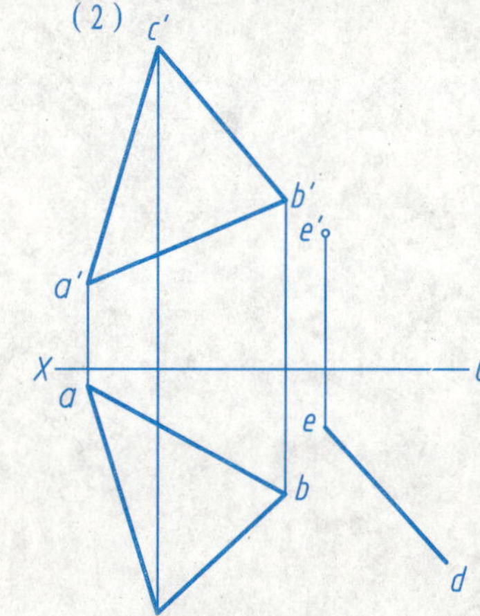

2. 已知直线 MN 和△ABC 平行，求△ABC 的水平投影。

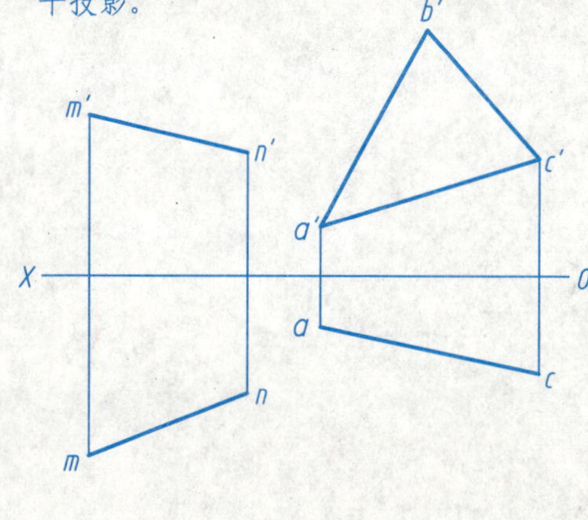

3. 过 K 点作一直线，同时与平面 ABCD 及 V 面平行。

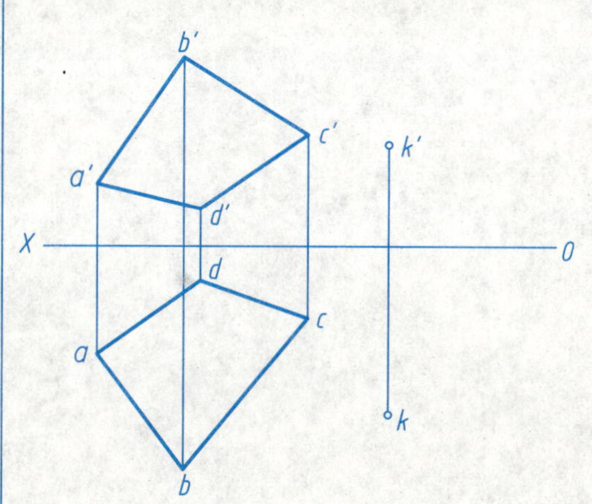

4. △ABC 平行于直线 KL 和 MN，完成△ABC 的水平投影。

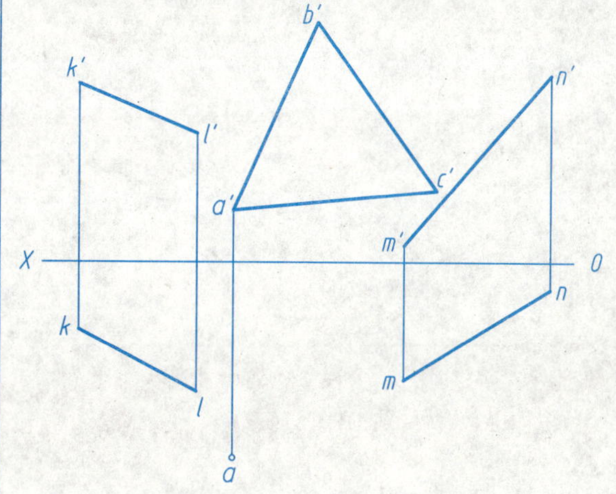

5. 平面 ABCD（AB ∥ CD）和平面 EFG 相互平行，完成平面 EFG 的水平投影。

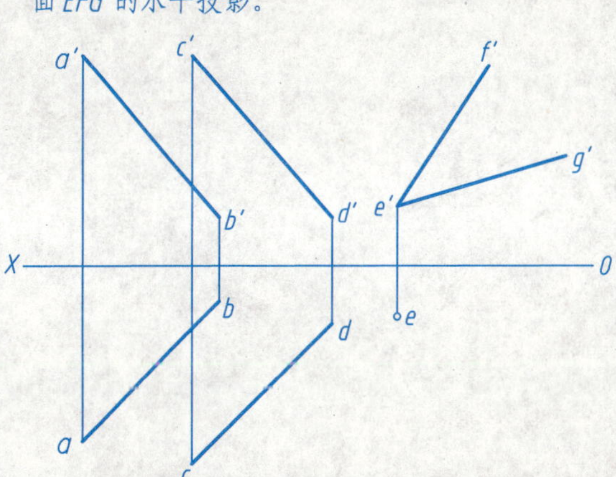

6. 过交叉两直线 AB 和 CD 各作一平面，使它们互相平行。

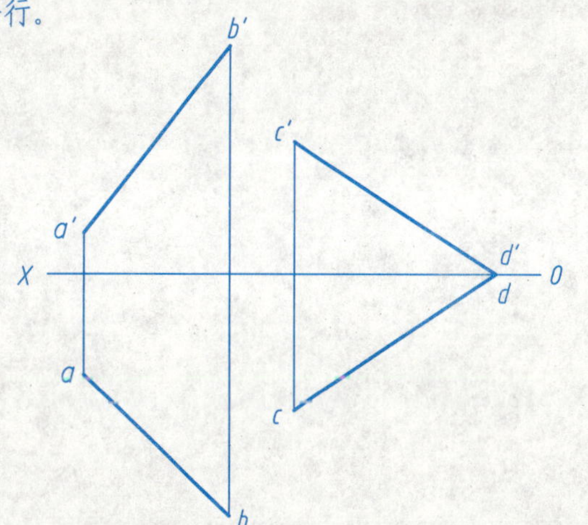

7. 求作水平线 AB 平行于△PQR，且分别与直线 EF、GH 相交于 A、B。

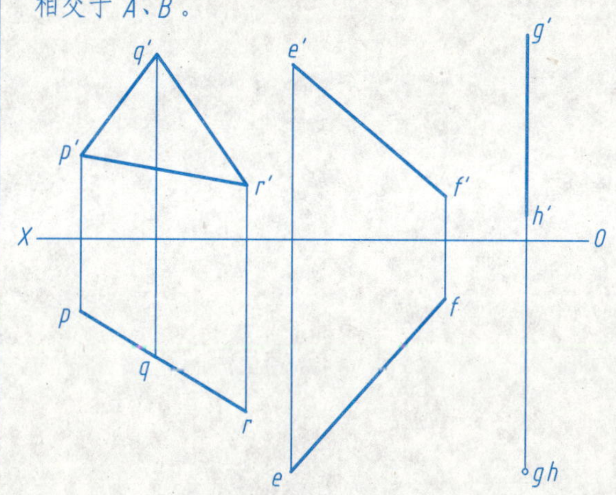

8. 过 A 点作直线与 CD 交于 B 点，且与△EFG 平行。

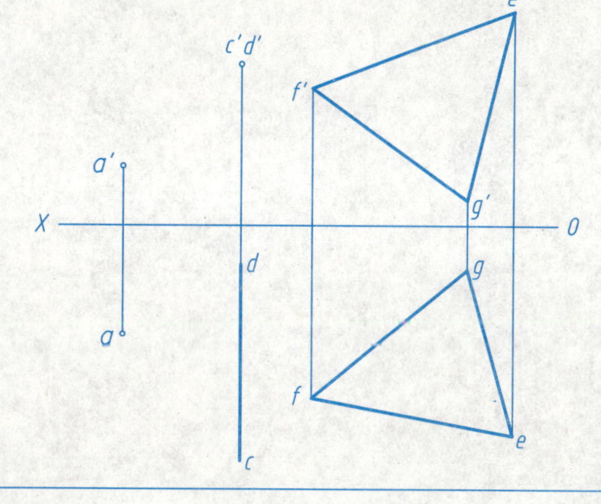

9. 求直线与平面的交点，并判别可见性。

(1)　(2)　(3)

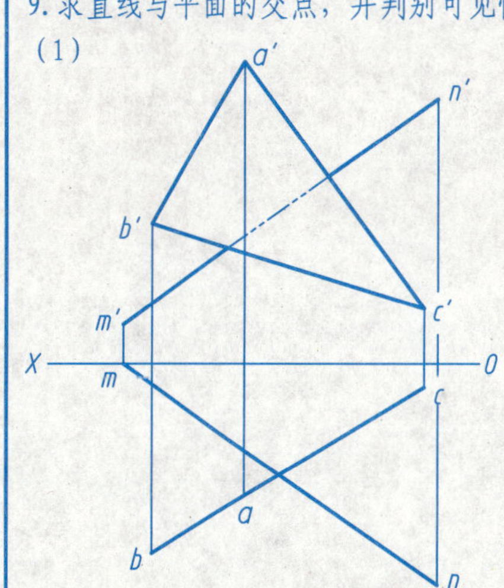

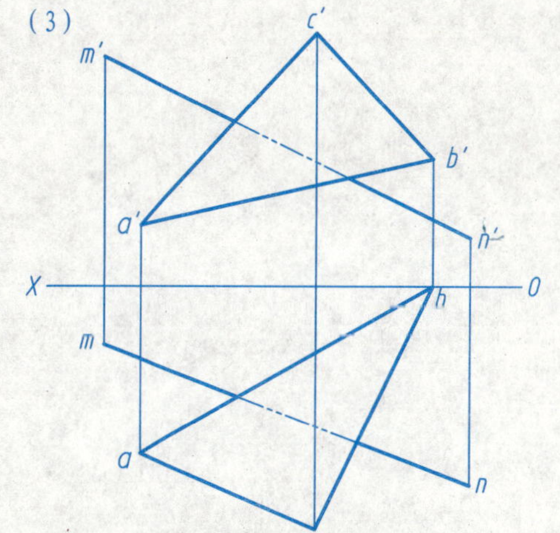

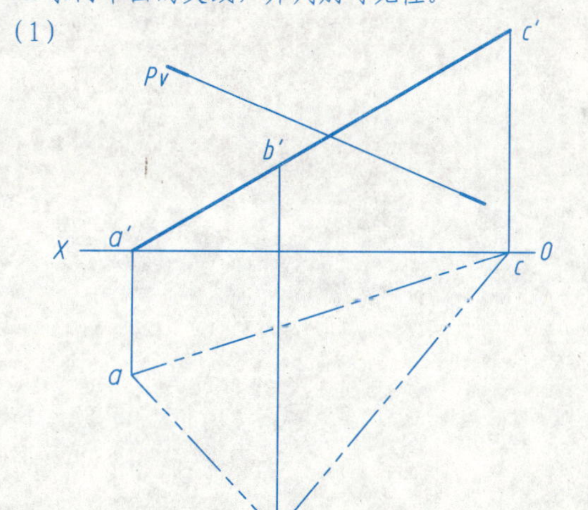

10. 求两平面的交线，并判别可见性。

(1)　(2)

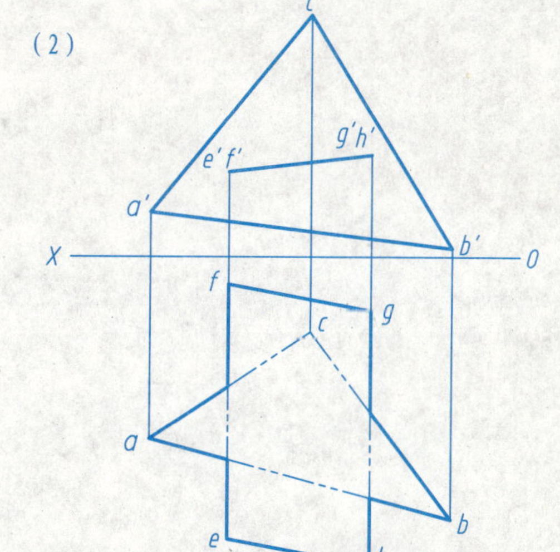

2-6 几何要素之间的相对位置（二）

班级　　　　姓名　　　　学号

1. 求两一般位置平面的交线，并判断可见性。

（1）

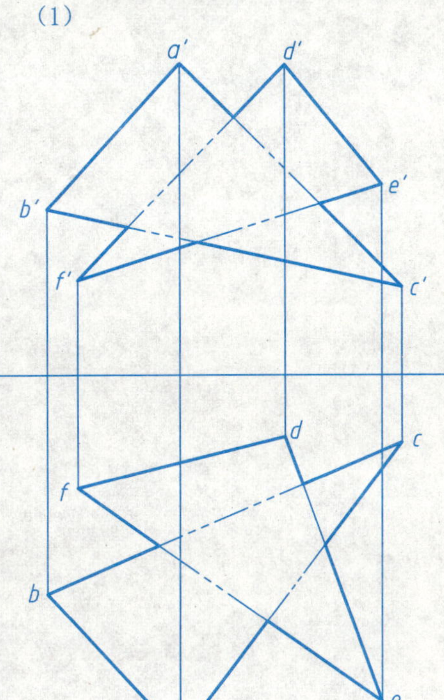

（2）

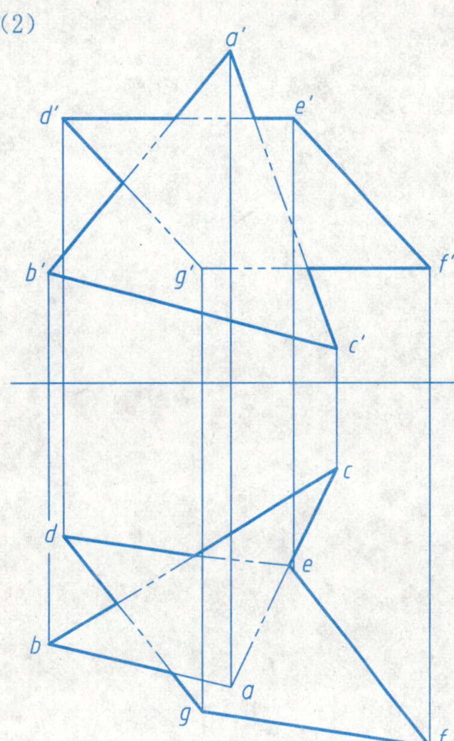

2. 判断直线与平面、两平面的相对位置（平行、垂直、倾斜）。

（　　）　（　　）

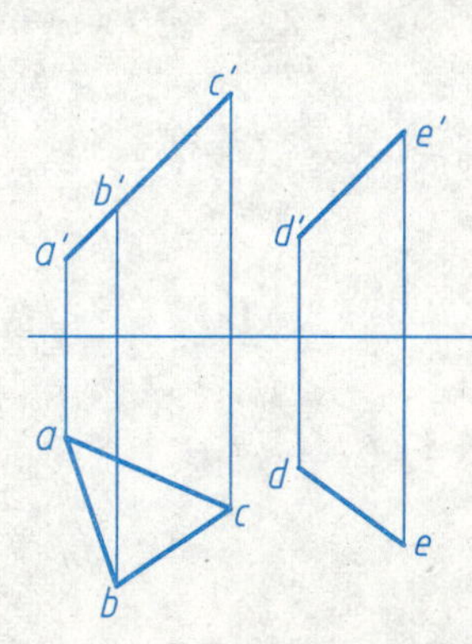

（　　）　（　　）

3. 过 K 点作直线垂直于 $\triangle ABC$ 平面，并求 K 点到平面的真实距离。

（1）

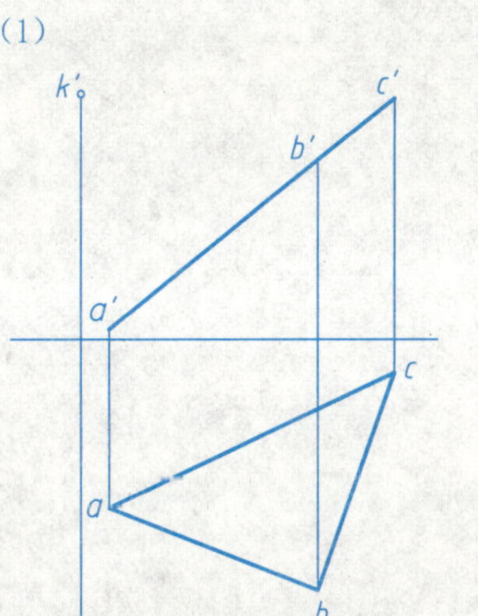

（2）

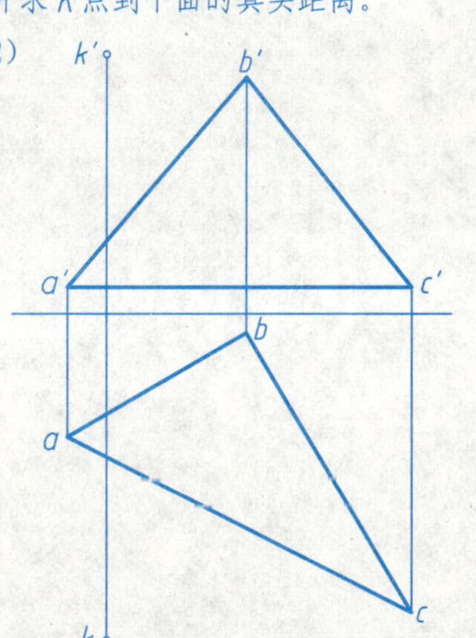

4. 已知 $\triangle EFG$ 与 $\triangle ABC$ 垂直，画全 $\triangle EFG$ 的水平投影。

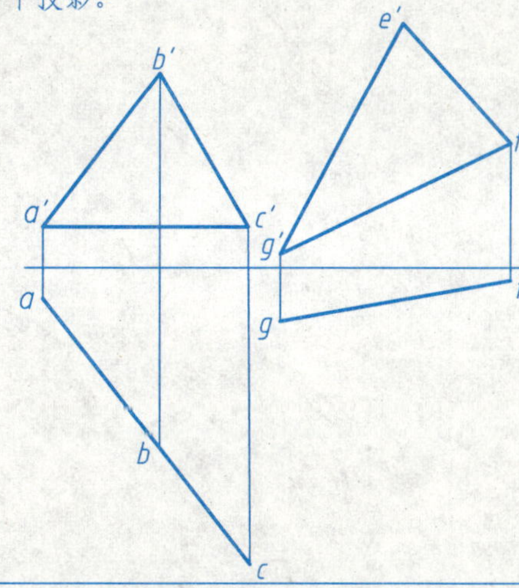

5. 求两平面间的距离。

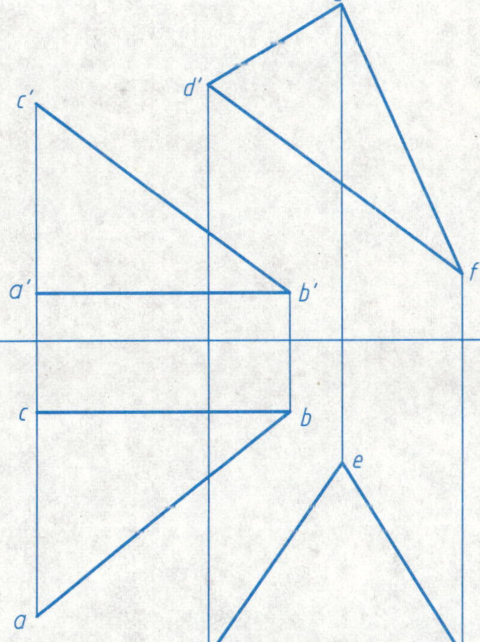

6. 作等腰 $\triangle ABC$，已知其底边为 BC，高为 AD。

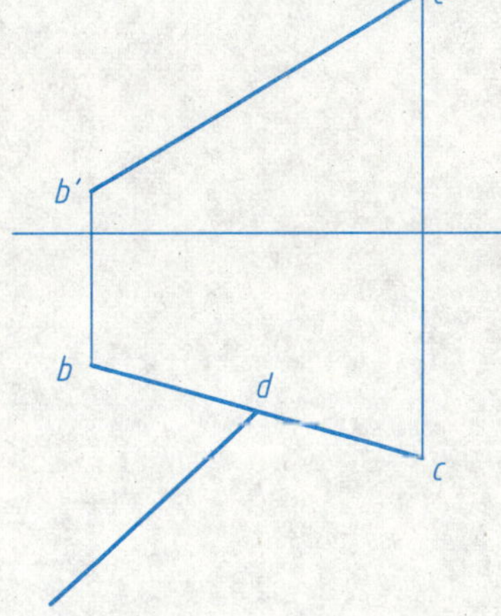

7. 过 A 点作一平面平行于 BC，并使该平面垂直于四边形 $KLMN$。

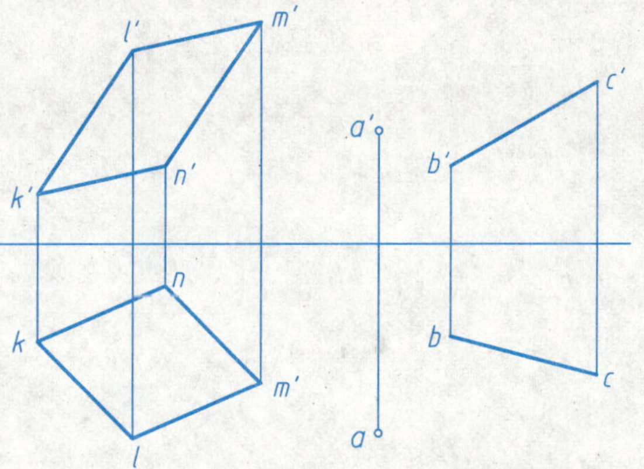

8. 直角 $\triangle ABC$ 的一直角边 BC 在正平线 BD 上，A 点在直线 EF 上，斜边 AC 平行于 $\triangle KLM$，补全 $\triangle ABC$ 的两面投影。

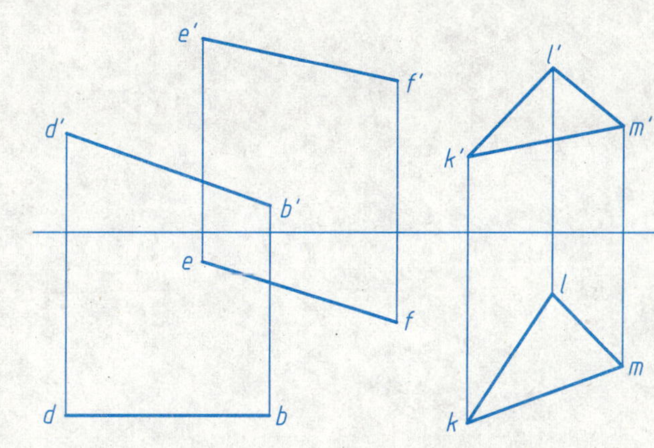

2-7 用换面法求解点、直线、平面间的定位和度量问题（一）	班级	姓名	学号

1. 求直线AB的实长及对V面的倾角β。

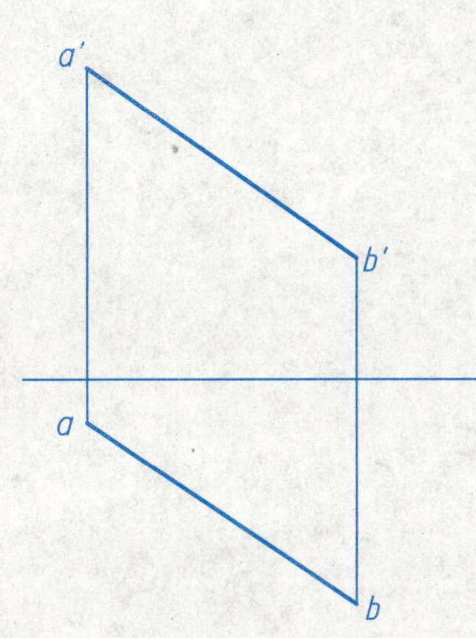

2. 求平面的实形及对H面的倾角α。

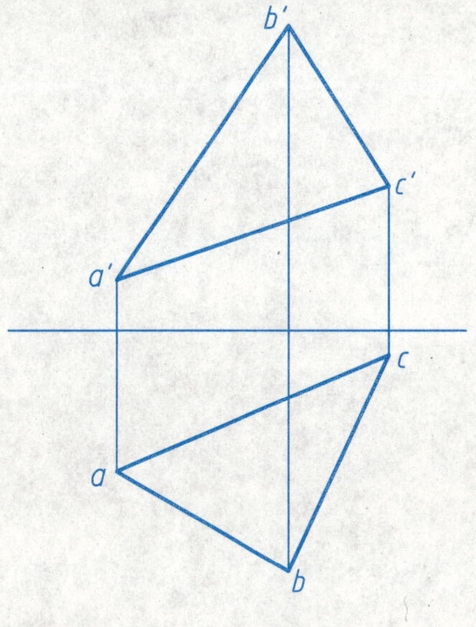

3. 已知∠BAC为60°，求AC的正面投影。

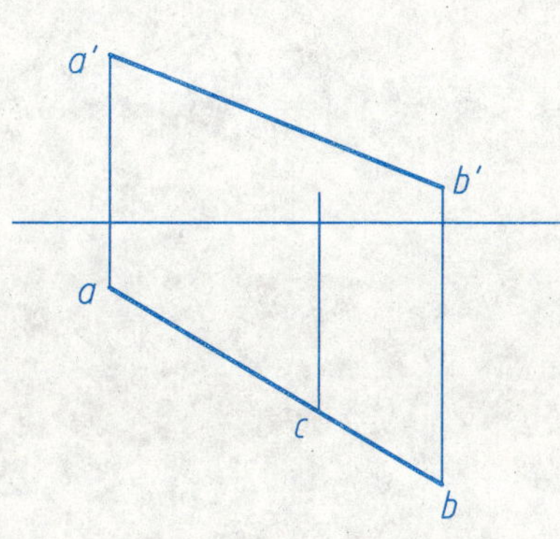

4. 已知直线DE平行于△ABC，且与△ABC的距离为15 mm，求直线DE的正面投影（只求一解）。

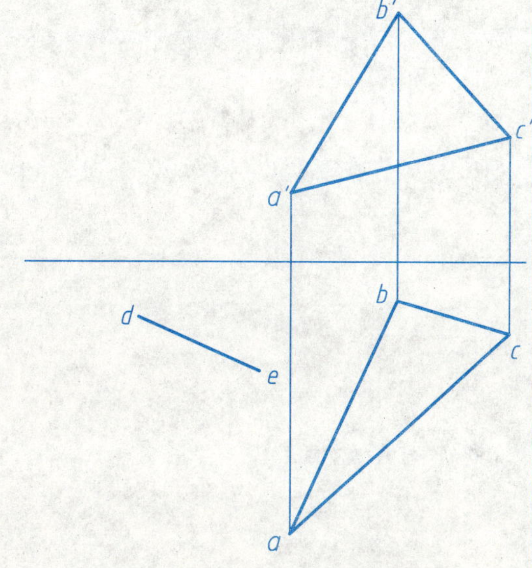

5. 以AB为底作等腰△ABC，其高25 mm，并与H面成45°（只求一解）。

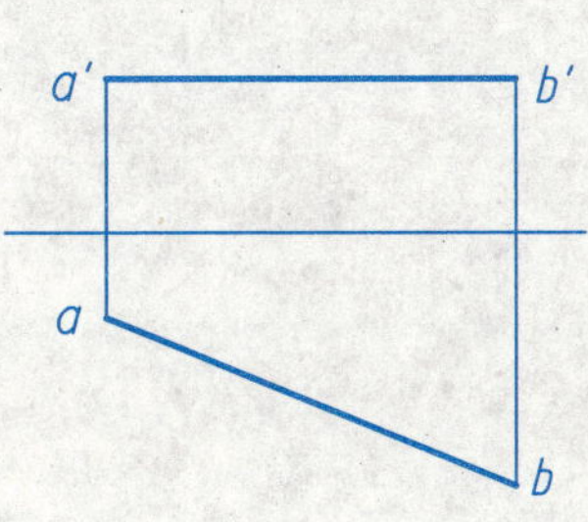

6. 求水平线AB、CD间的距离及其在V、H面上的投影。

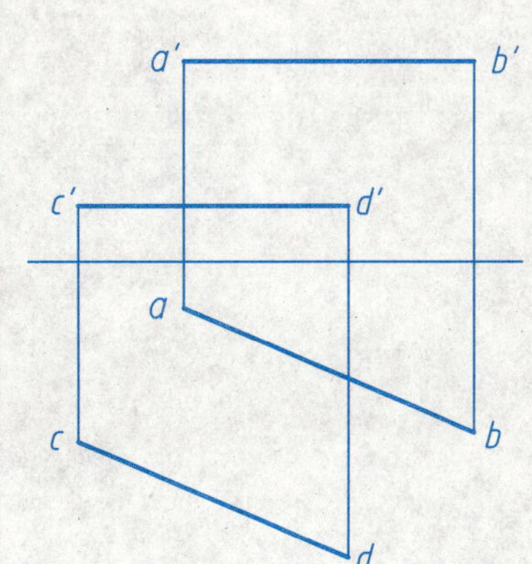

7. 完成以AB为底的等腰△ABC的水平投影。

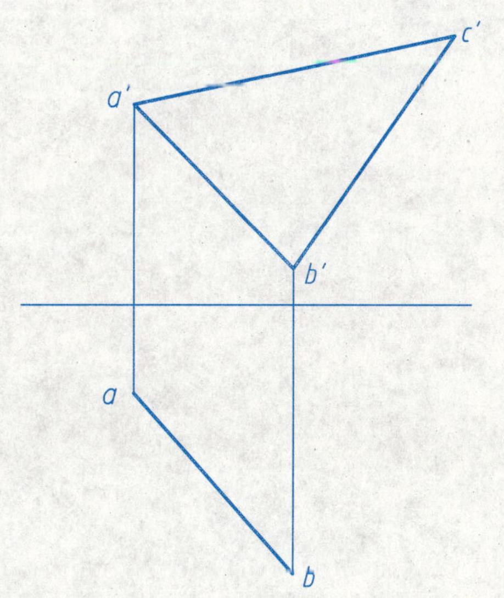

8. 已知△ABC平面到D点的距离为12 mm，求△ABC的正面投影。

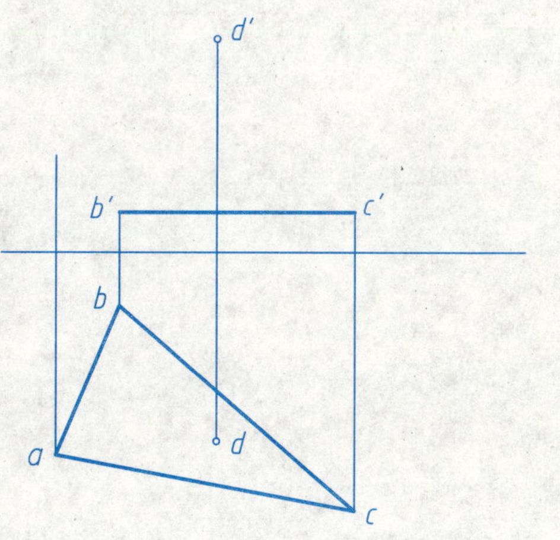

2-8 用换面法求解点、直线、平面间的定位和度量问题（二）

班级　　　　姓名　　　　学号

1. 已知直线$AB \parallel CD$，求作：（1）K点到直线AB、CD的距离；（2）直线AB与CD间的距离。

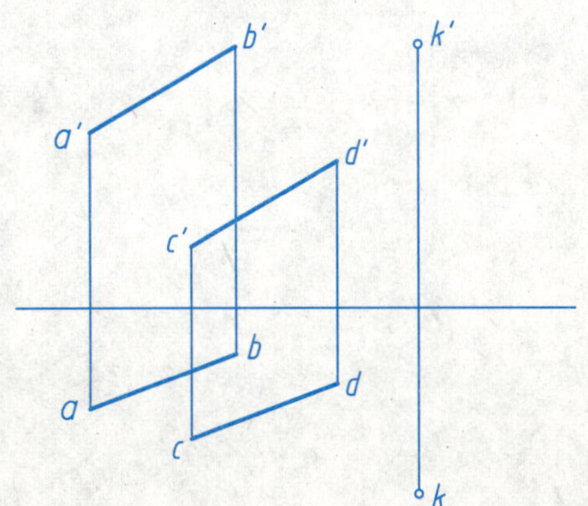

2. 已知直线$AB \parallel CD$，且相距为定长L，用换面法求$c'd'$。本题有几个解？请画出来。

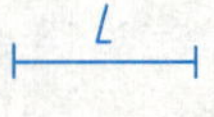

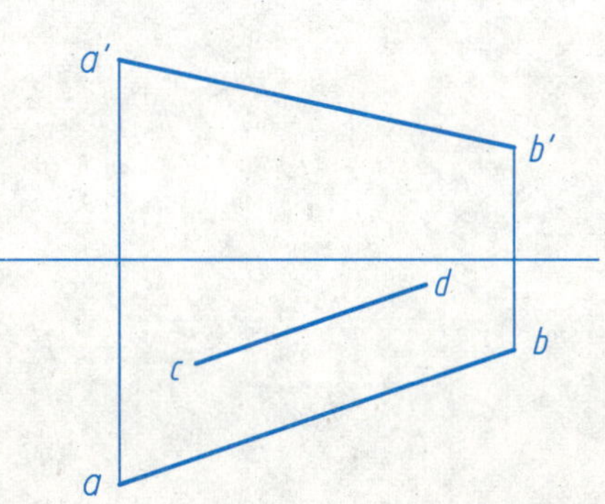

3. 在$\triangle ABC$内找一点K，使K点离A点为15 mm，离B点为25 mm。

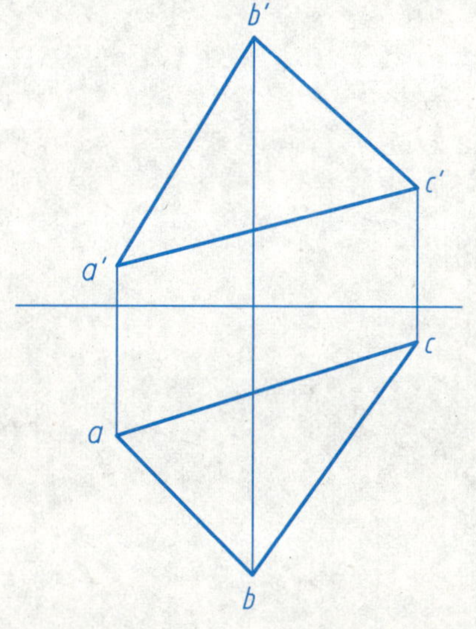

4. 已知直线MN，当N点绕M点在垂直于$\triangle ABC$的平面内摆动多大角度时，N点与$\triangle ABC$接触，并确定接触点S。

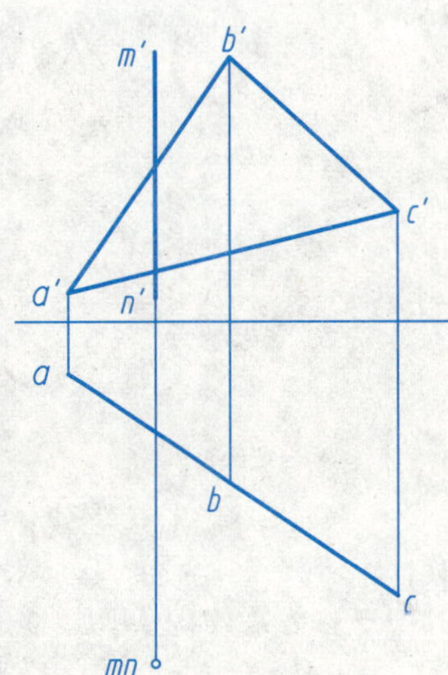

5. 补全以DE为底的等腰$\triangle CDE$的两面投影，顶点C在直线AB上（用两种方法解）。

（1）几何作图求解

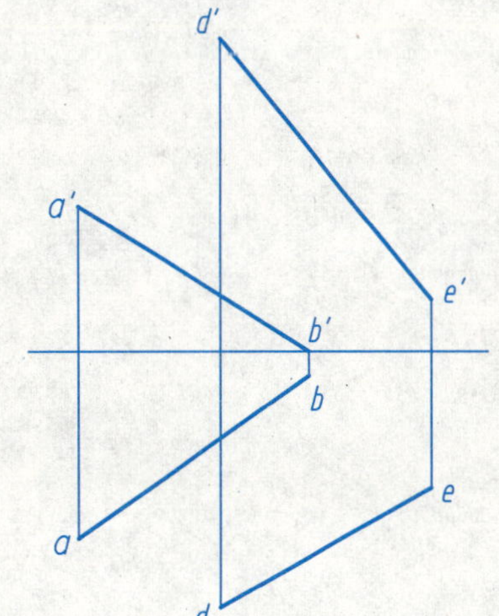

（2）换面法求解

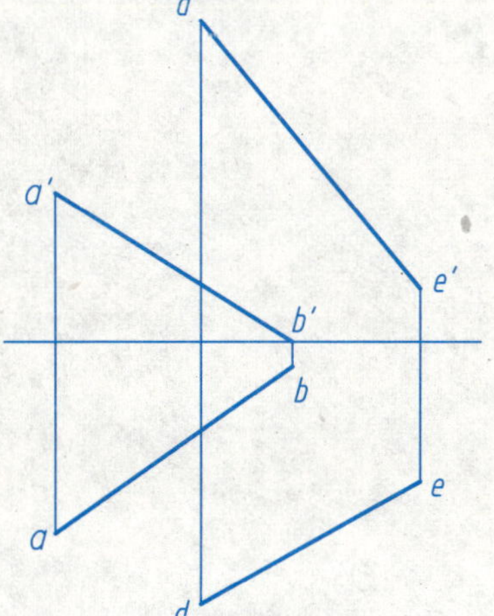

6. 已知矩形$ABCD$一边AB的两个投影和其邻边的一个投影，试画全该矩形的投影图（用两种方法解）。

（1）几何作图求解

（2）换面法求解

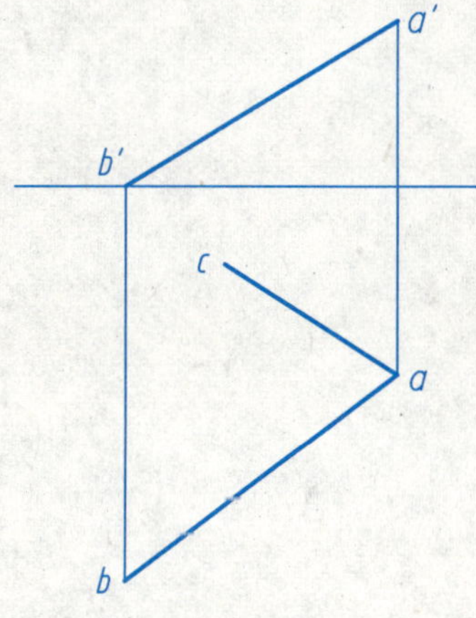

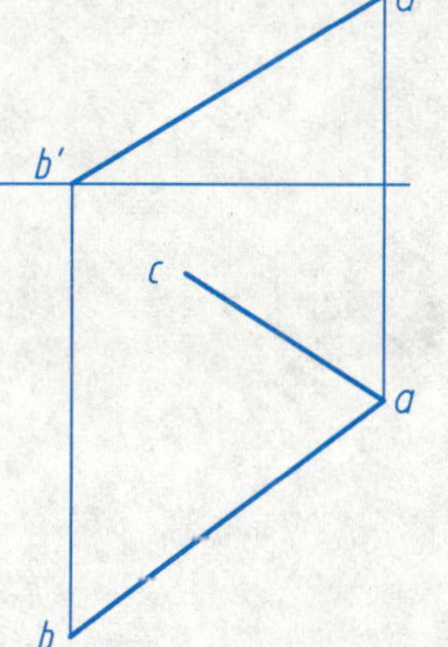

3-1 立体的投影及表面取点、取线

班级　　　　姓名　　　　学号

1. 补画六棱柱的侧面投影，并作出表面上各点及线的其余投影。

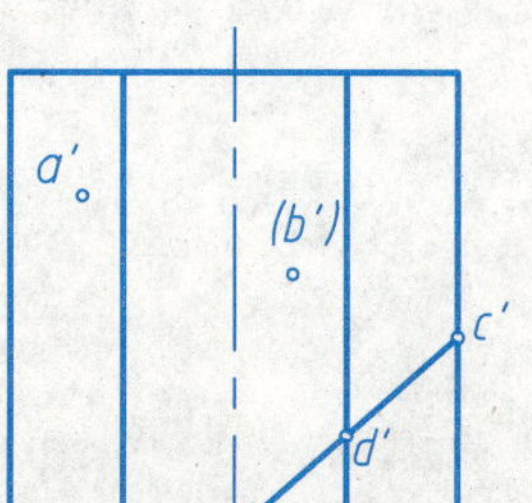

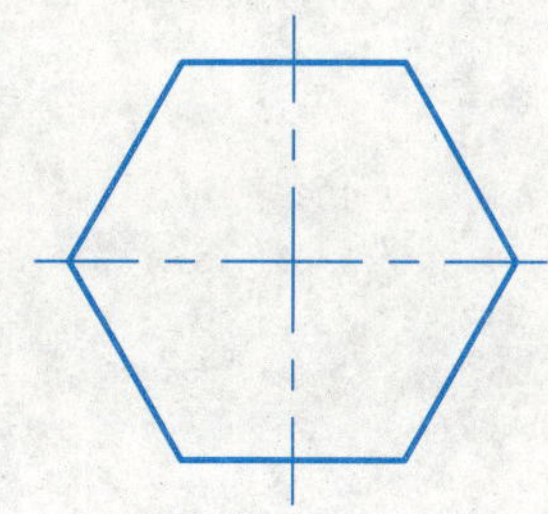

2. 补画四棱台的侧面投影，并作出表面上各点及线的其余投影。

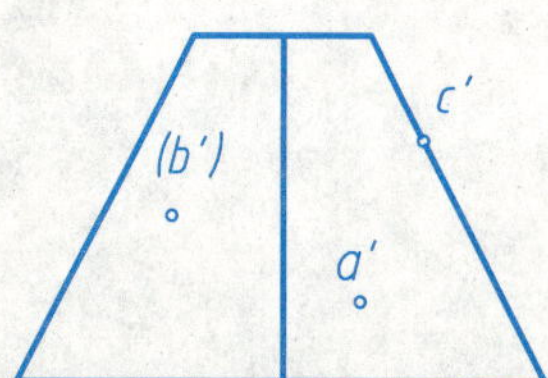

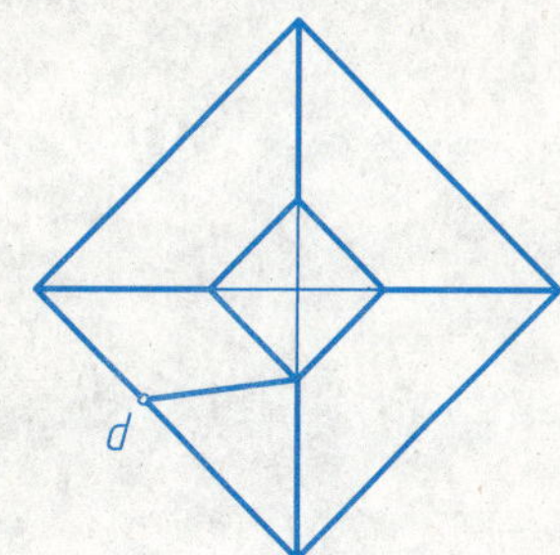

3. 补画三棱锥的侧面投影，并作出表面上各点及线的其余投影。

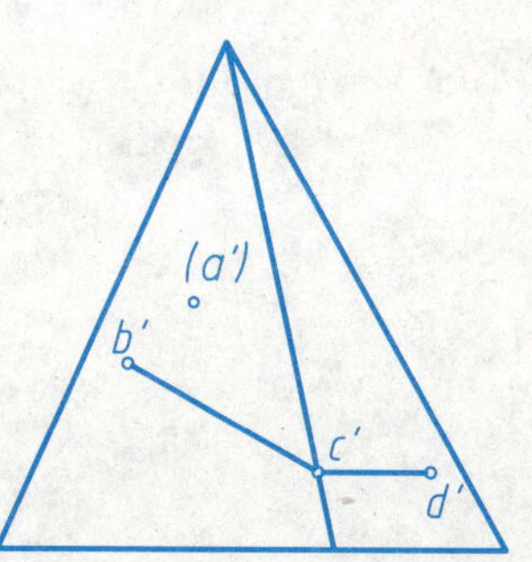

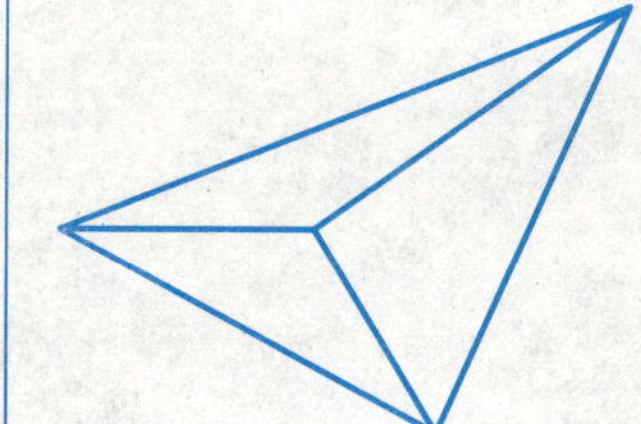

4. 作出圆柱表面上各线的其余投影。

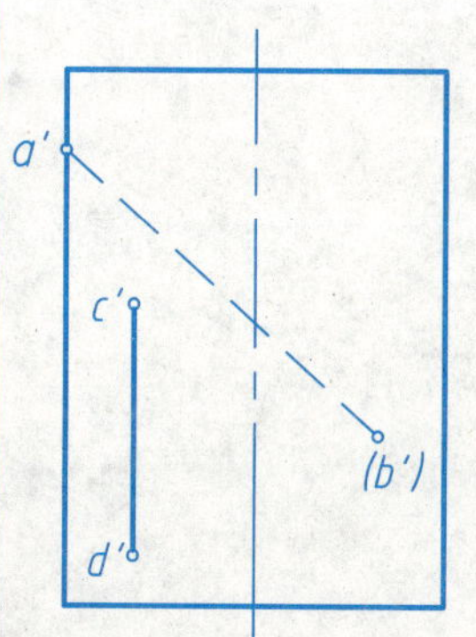

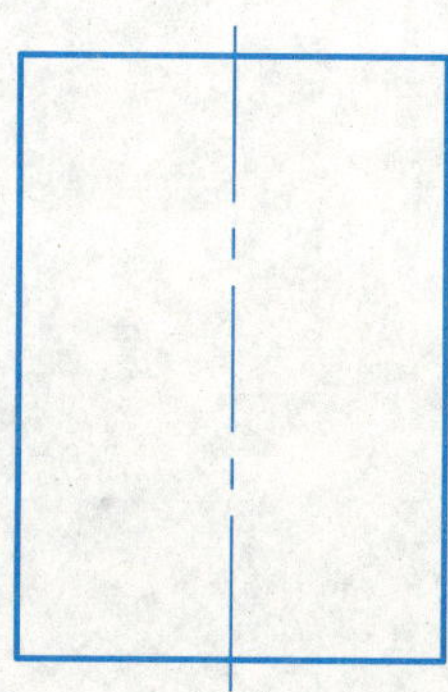

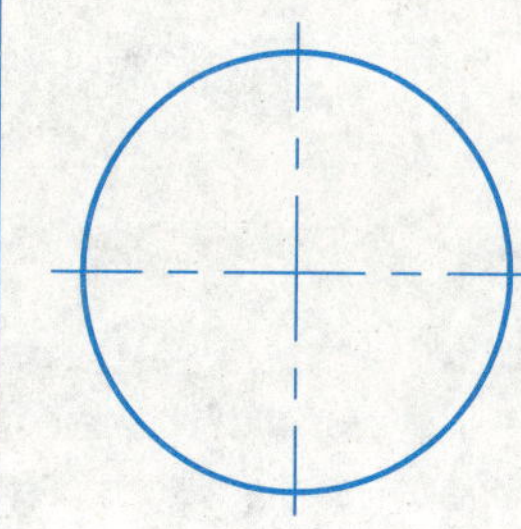

5. 补画圆锥的侧面投影，并作出锥面上各点及线的其余投影。

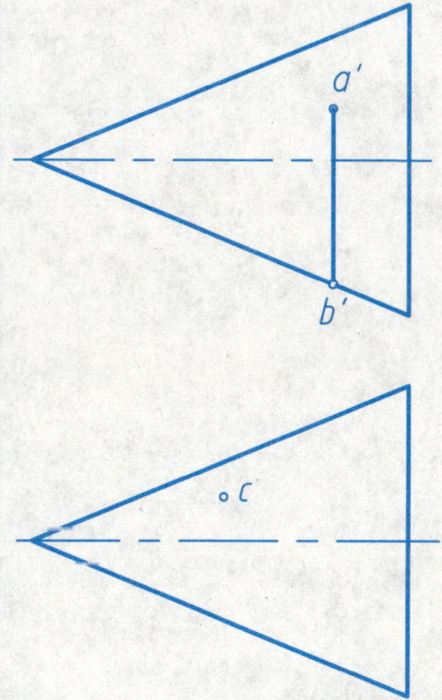

6. 补画半球的水平投影，并作出球面上各点及线的其余投影。

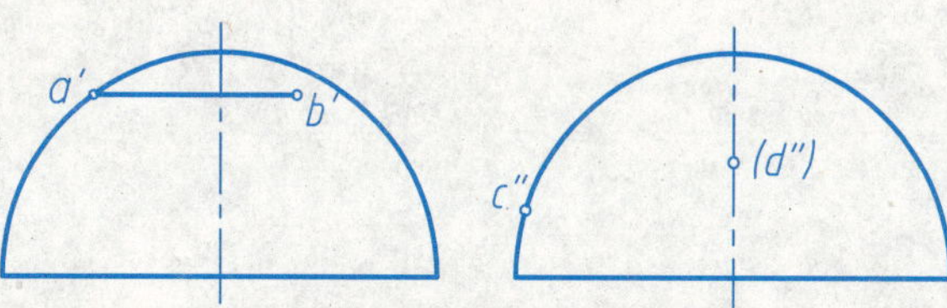

7. 作出回转面上各点及线的其余投影。

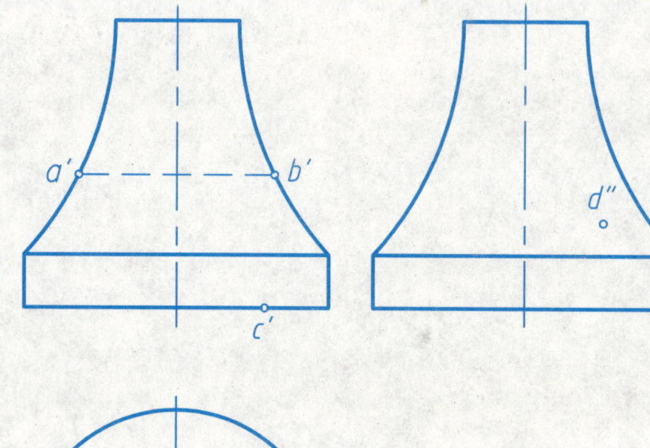

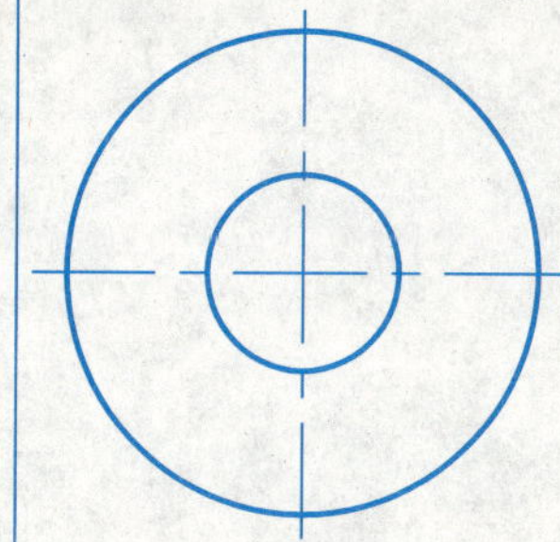

8. 作出环面上各点及线的其余投影。

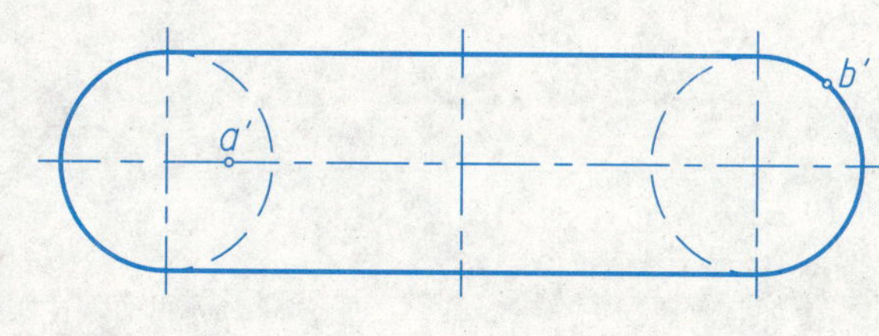

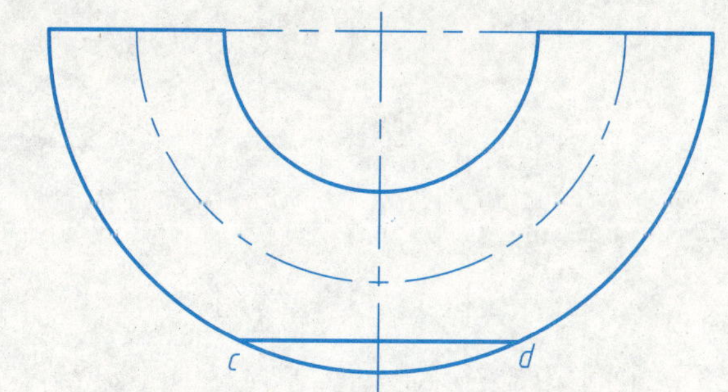

3-2 平面与平面立体相交——截交线（提示：该页题目适合计算机绘图三维实体和布尔运算练习）	班级　　　姓名　　　学号

1. 作六棱柱被截切后的侧面投影。

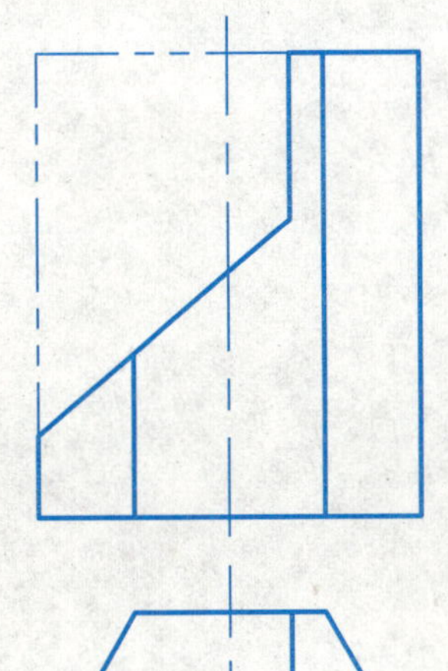

2. 作四棱锥被截切后的侧面投影，补全水平投影。

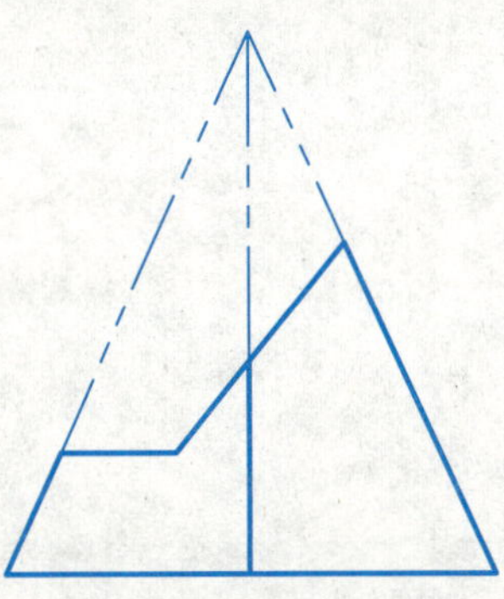

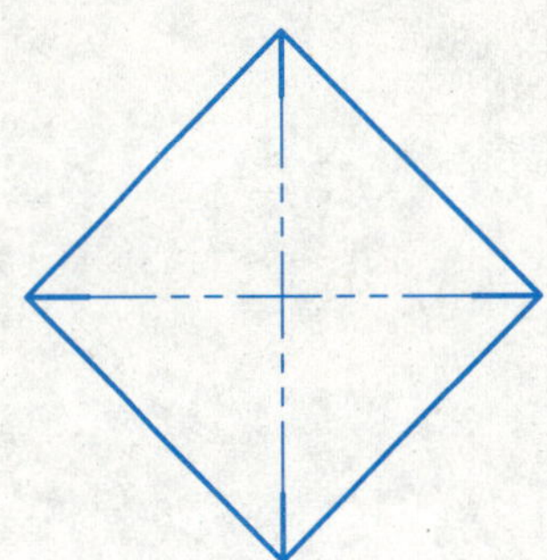

3. 作三棱柱被穿孔后的侧面投影。

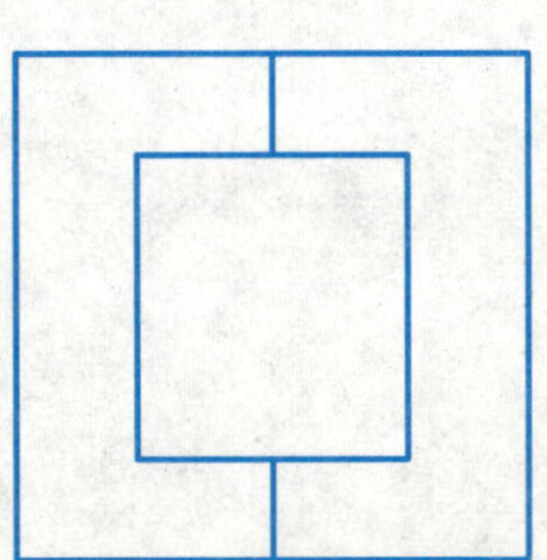

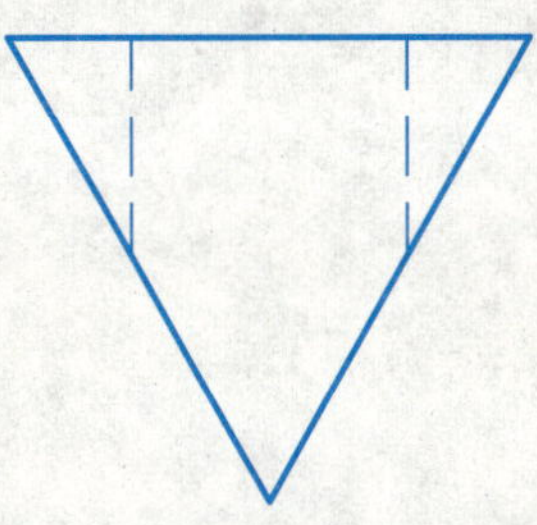

4. 作四棱锥被截切后的侧面投影，补全水平投影。

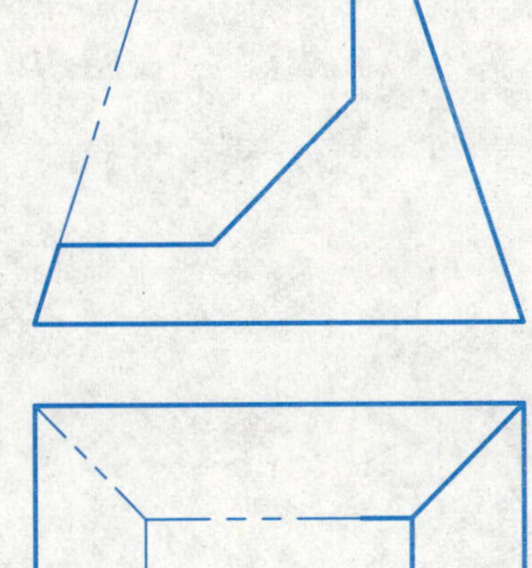

5. 补全三棱锥被截切后的水平投影和侧面投影。

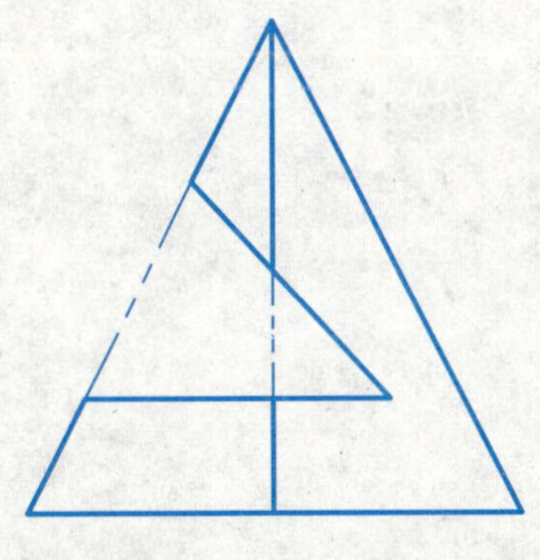

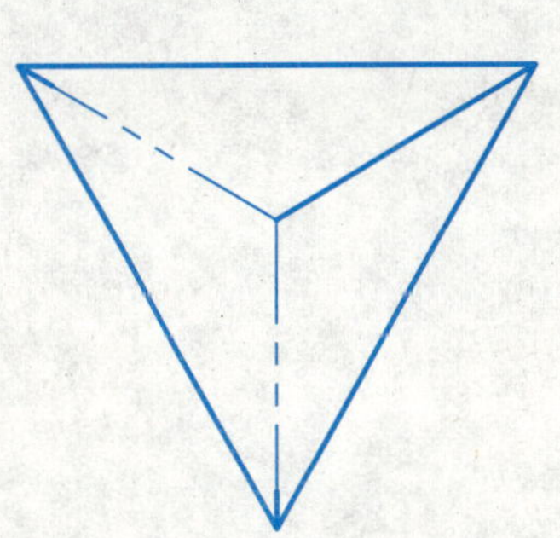

6. 作四棱锥被截切后的侧面投影，补全水平投影。

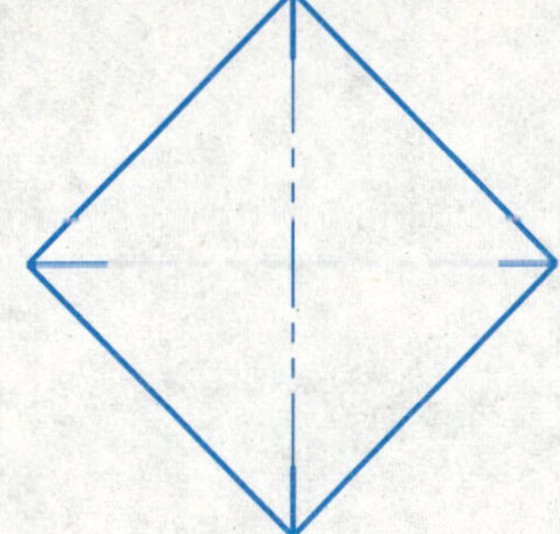

3-3 平面与曲面立体相交——截交线（一）（提示：该页可作为计算机绘图三维实体和布尔运算练习） 班级 姓名 学号

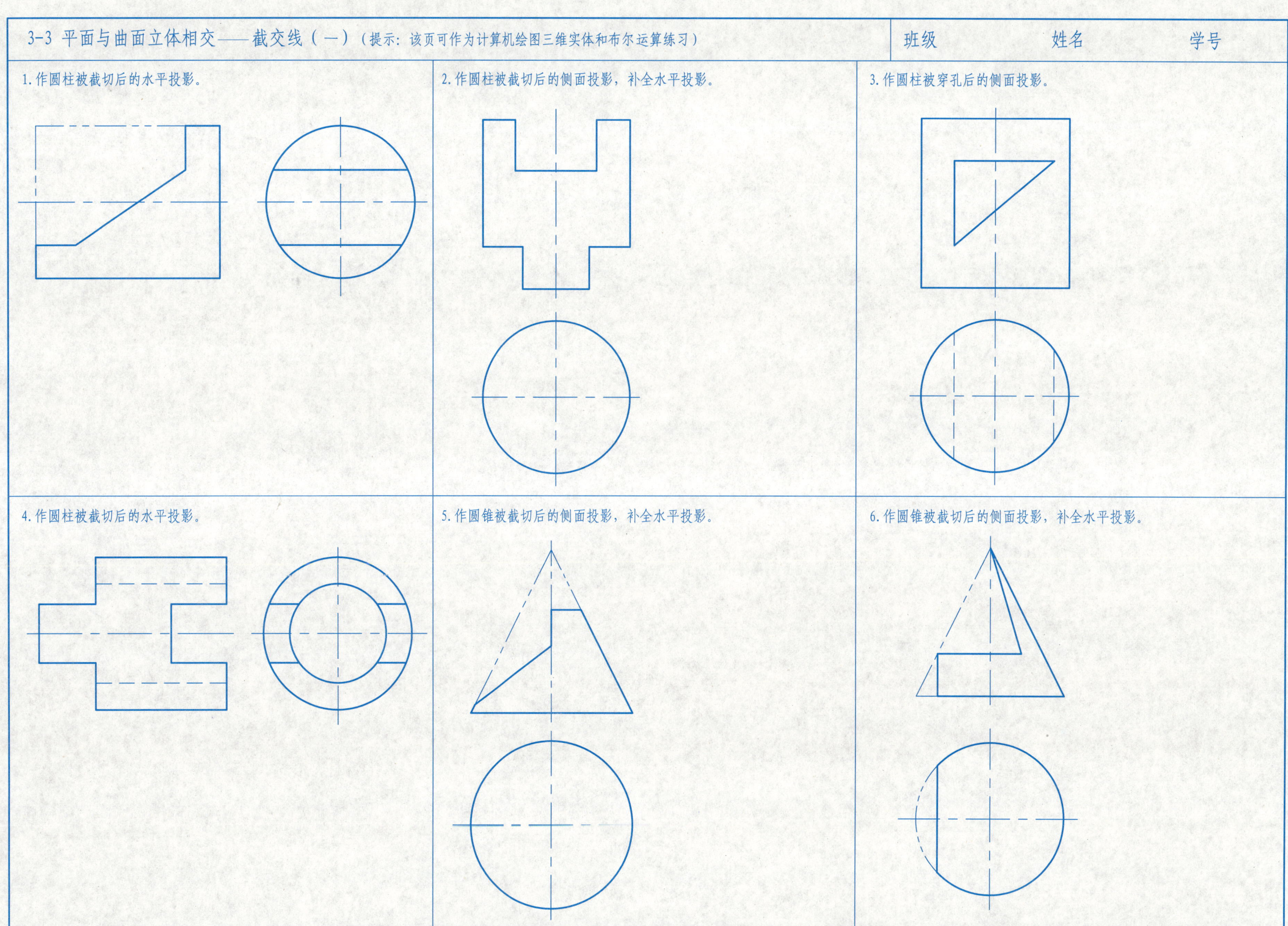

3-4 平面与曲面立体相交——截交线（二）　　班级　　姓名　　学号

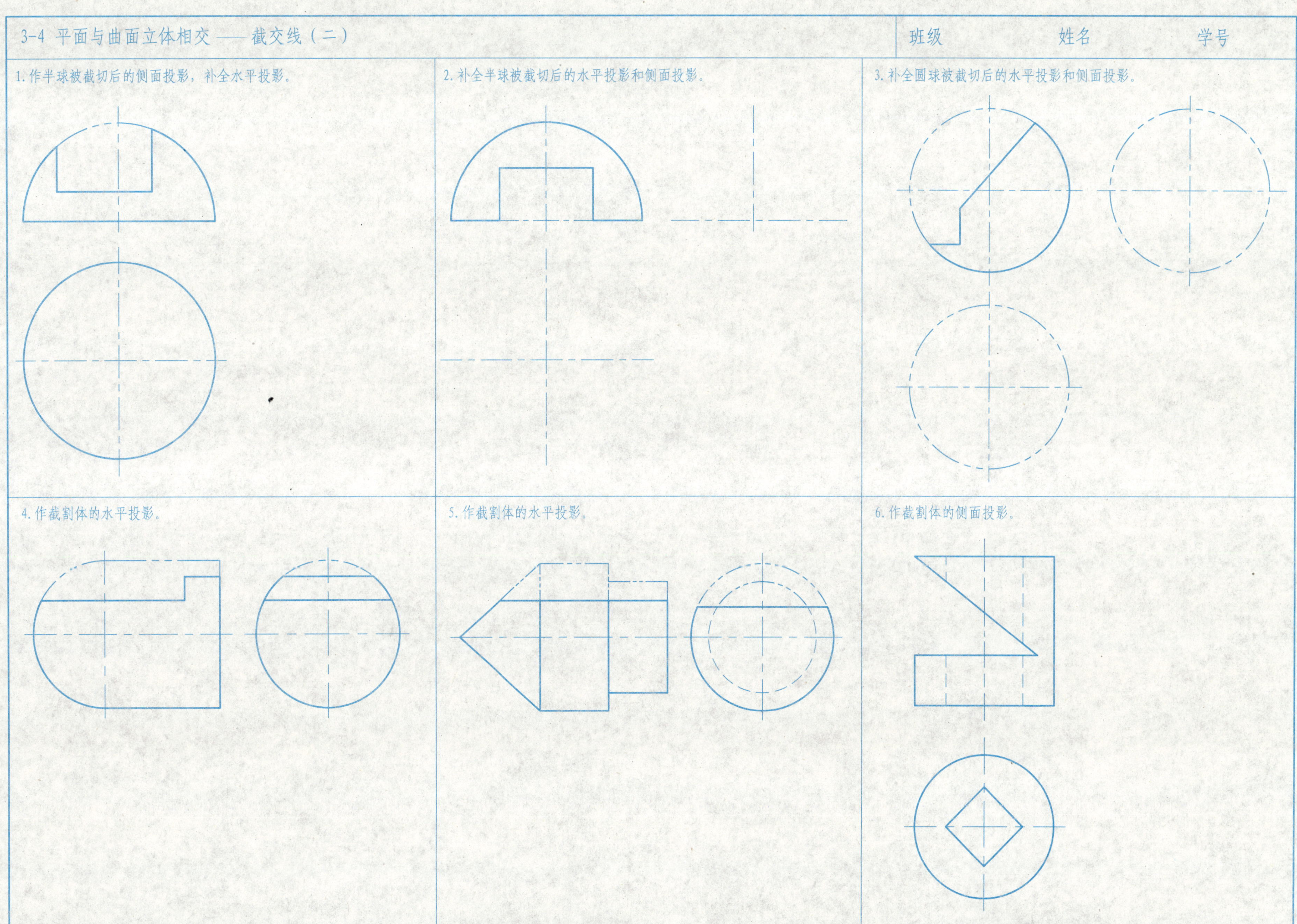

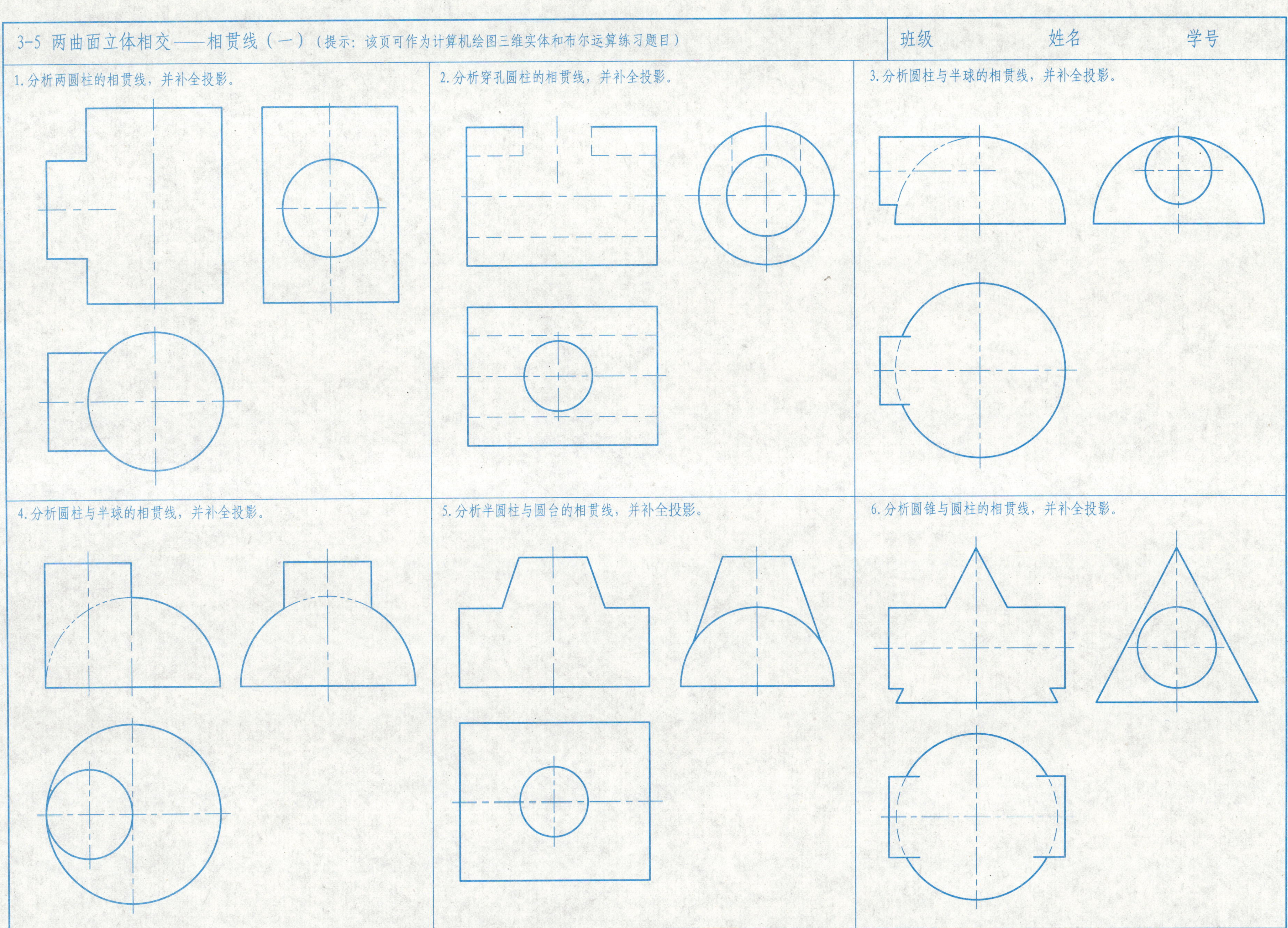

3-5 两曲面立体相交——相贯线（一）（提示：该页可作为计算机绘图三维实体和布尔运算练习题目）
班级 姓名 学号
1.分析两圆柱的相贯线，并补全投影。
2.分析穿孔圆柱的相贯线，并补全投影。
3.分析圆柱与半球的相贯线，并补全投影。
4.分析圆柱与半球的相贯线，并补全投影。
5.分析半圆柱与圆台的相贯线，并补全投影。
6.分析圆锥与圆柱的相贯线，并补全投影。

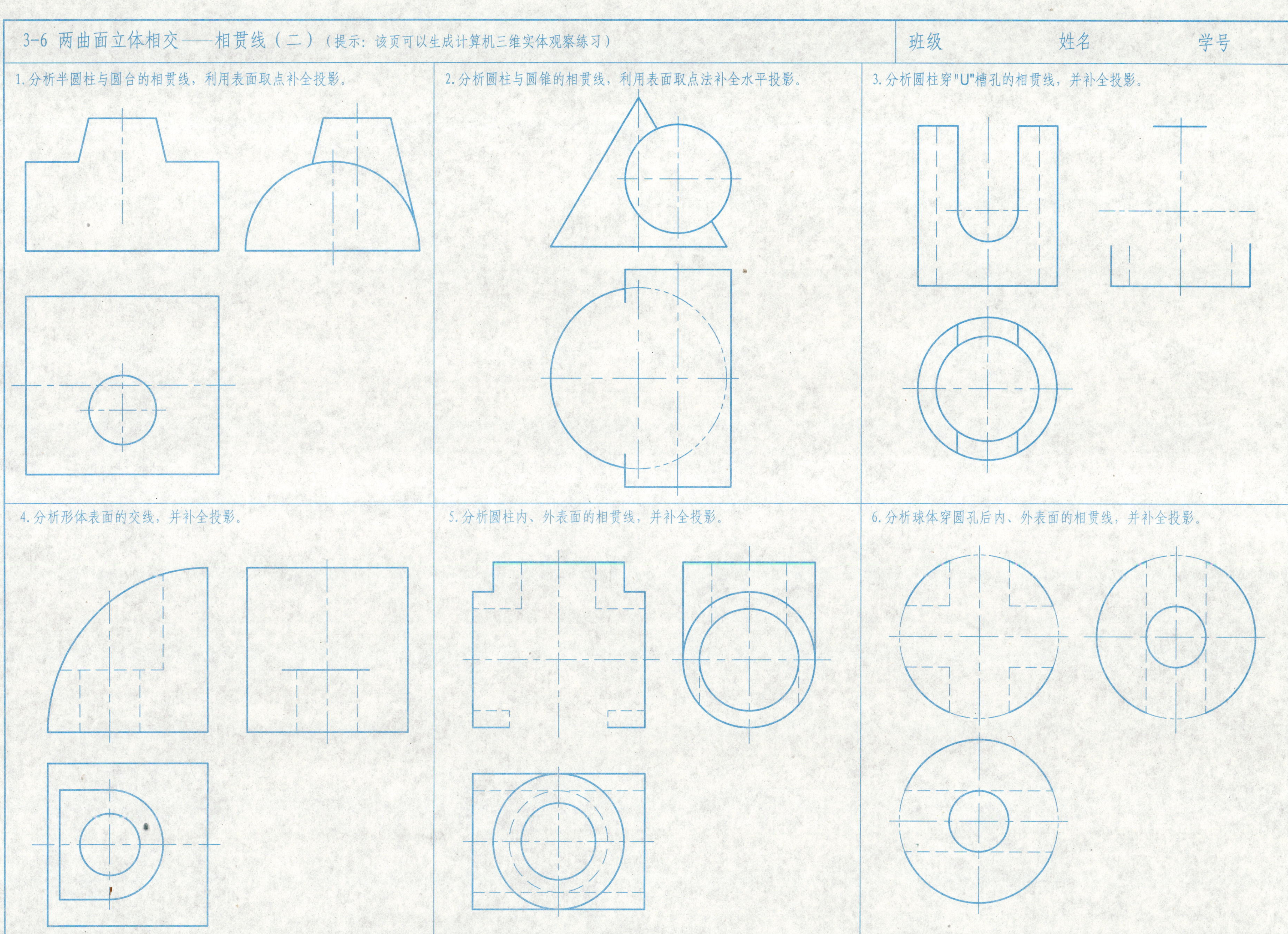

3-6 两曲面立体相交——相贯线（二）（提示：该页可以生成计算机三维实体观察练习）
班级 姓名 学号
1.分析半圆柱与圆台的相贯线，利用表面取点补全投影。
2.分析圆柱与圆锥的相贯线，利用表面取点法补全水平投影。
3.分析圆柱穿"U"槽孔的相贯线，并补全投影。
4.分析形体表面的交线，并补全投影。
5.分析圆柱内、外表面的相贯线，并补全投影。
6.分析球体穿圆孔后内、外表面的相贯线，并补全投影。

4-1 根据左边的直观图，找出右边与其对应的投影图，并标示出相应的序号

班级　　姓名　　学号

4-2 根据轴测图，补画视图中所缺的漏线　　班级　　姓名　　学号

4-3 根据已知组合体的两视图和轴测图，画出第三视图　　班级　　姓名　　学号

4-4 组合体的尺寸标注（尺寸数值用1：1从视图中直接量取）	班级	姓名	学号

1.

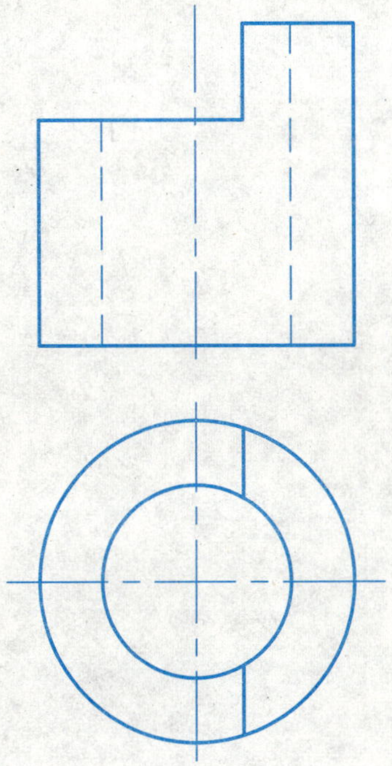

2.

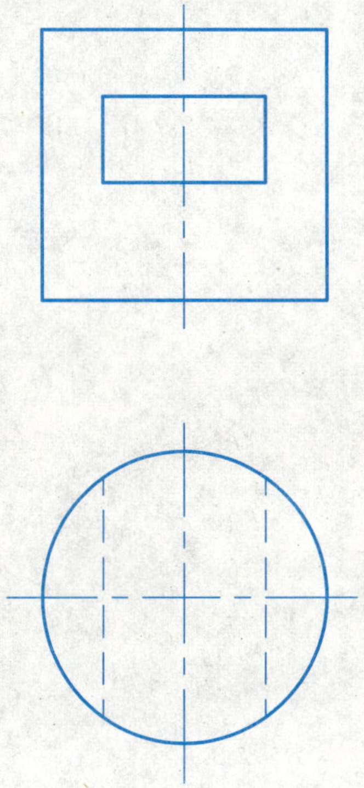

3.

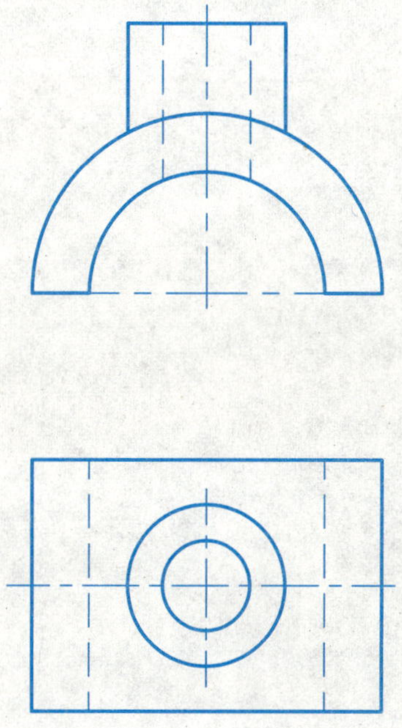

4.

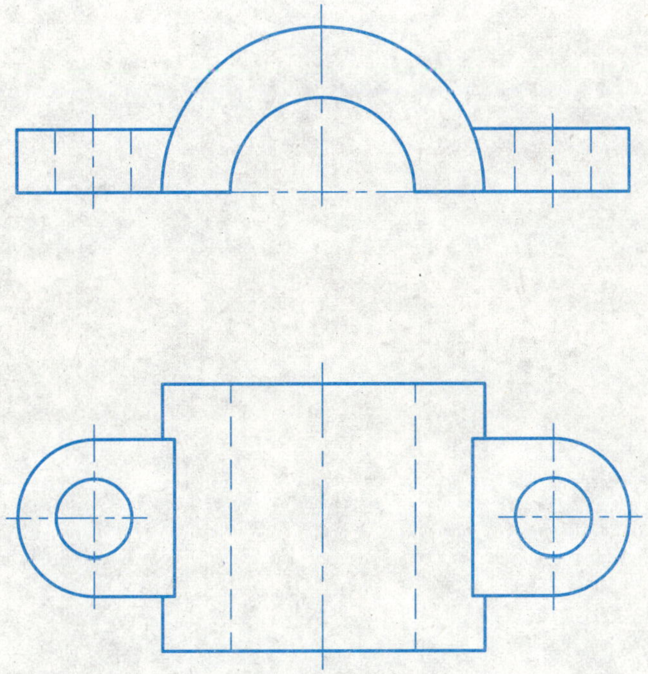

5.

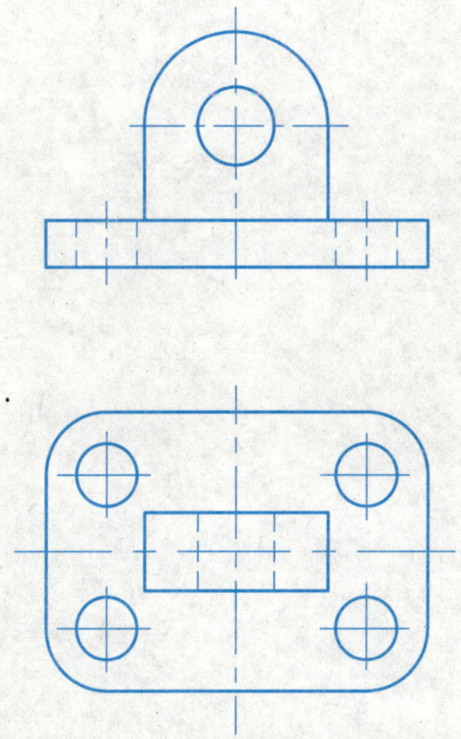

6.

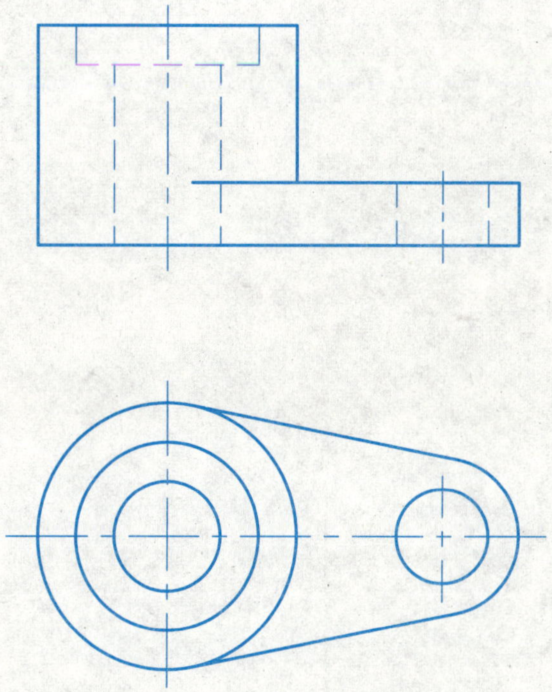

4-5 根据轴测图，用1：1画出组合体的三视图，并标注尺寸　　班级　　姓名　　学号

4-6 读组合体视图训练

班级　　　　姓名　　　　学号

1. 已知七组视图，俯视图形状一样且主视图不同，找出相应的左视图，并把序号填入表中。

主、俯视图序号：1　2　3　4　5　6　7

左视图序号：A　B　C　D　E　F　G

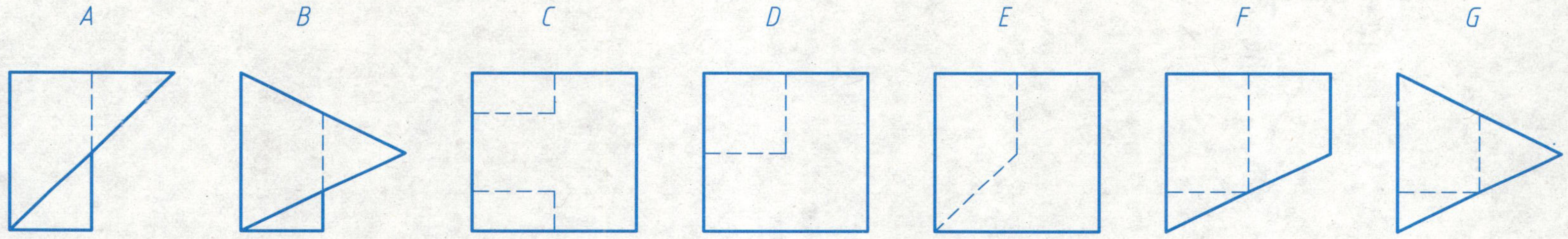

已知主、俯视图序号	1	2	3	4	5	6	7
填入选定的左视图序号	C						

2. 已知七组视图，选出对应的俯视图和左视图，并把序号填入表中。

主视图序号：1　2　3　4　5　6　7

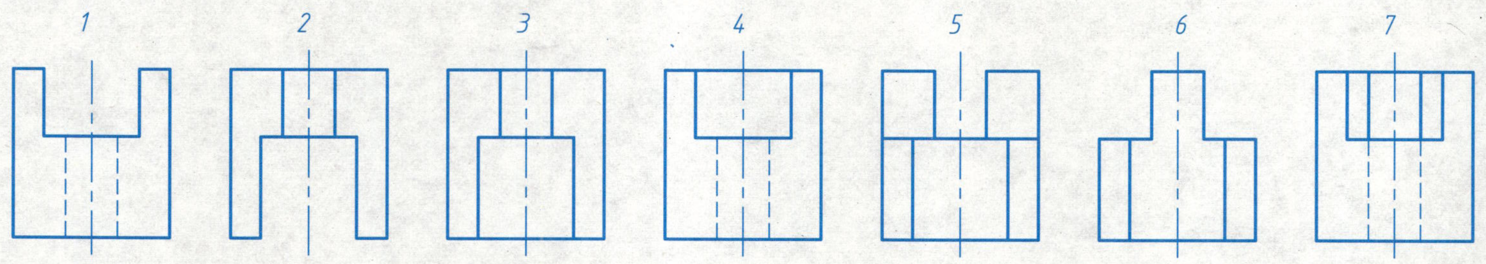

俯视图序号：A　B　C　D　E　F　G

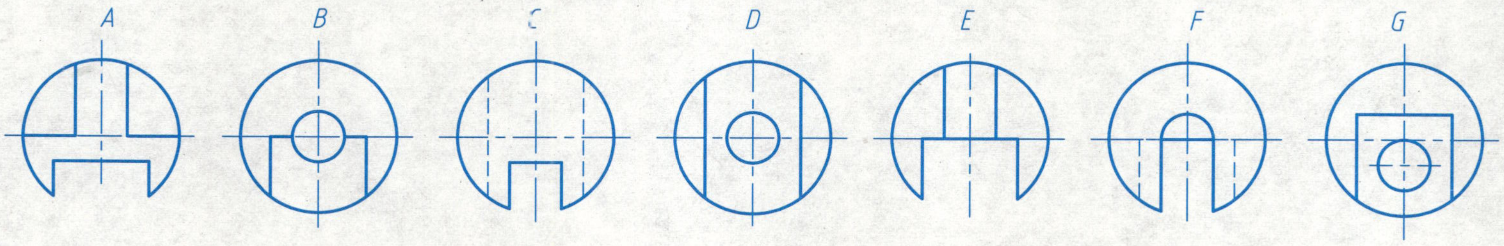

左视图序号：a　b　c　d　e　f　g

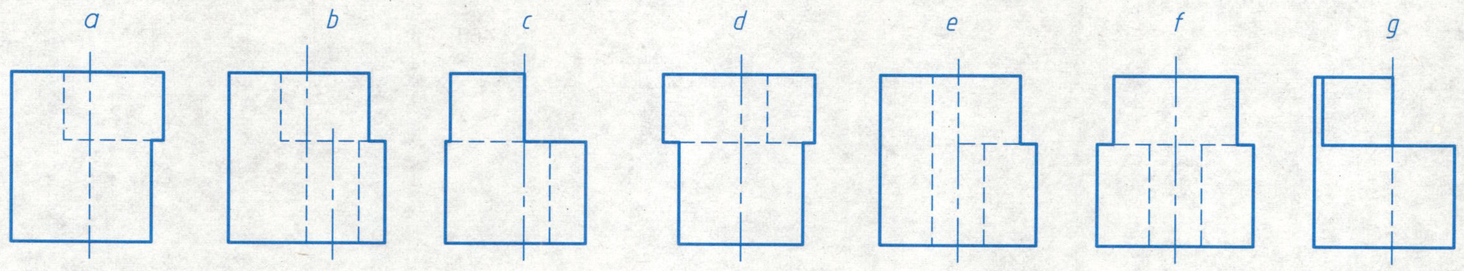

已知主视图序号	1	2	3	4	5	6	7
找出对应的俯视图序号	D						
找出对应的左视图序号	f						

4-7 看懂组合体的形状，补画第三视图（一）
班级
姓名
学号
1.
2.
3.
4.
5.
6.
7.
8.
9.

4-8 补全视图中缺少的图线

班级　　姓名　　学号

1.

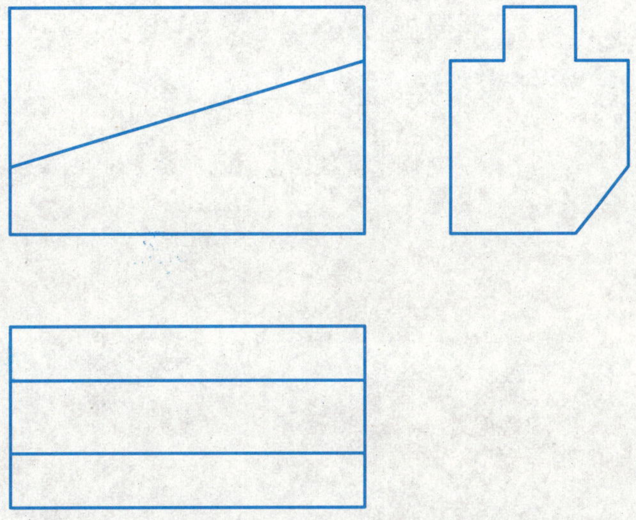

2.

3.

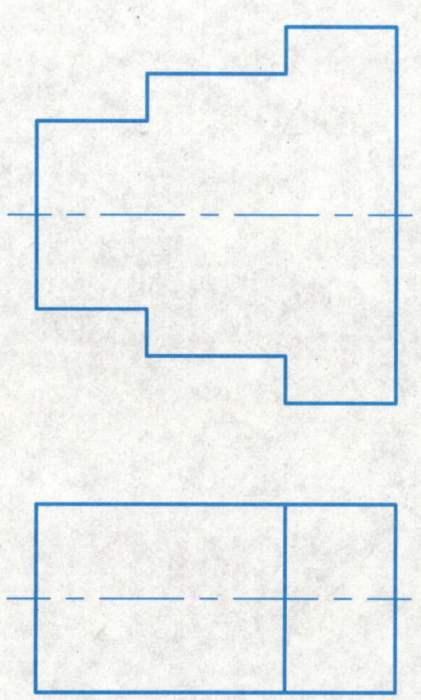

4.

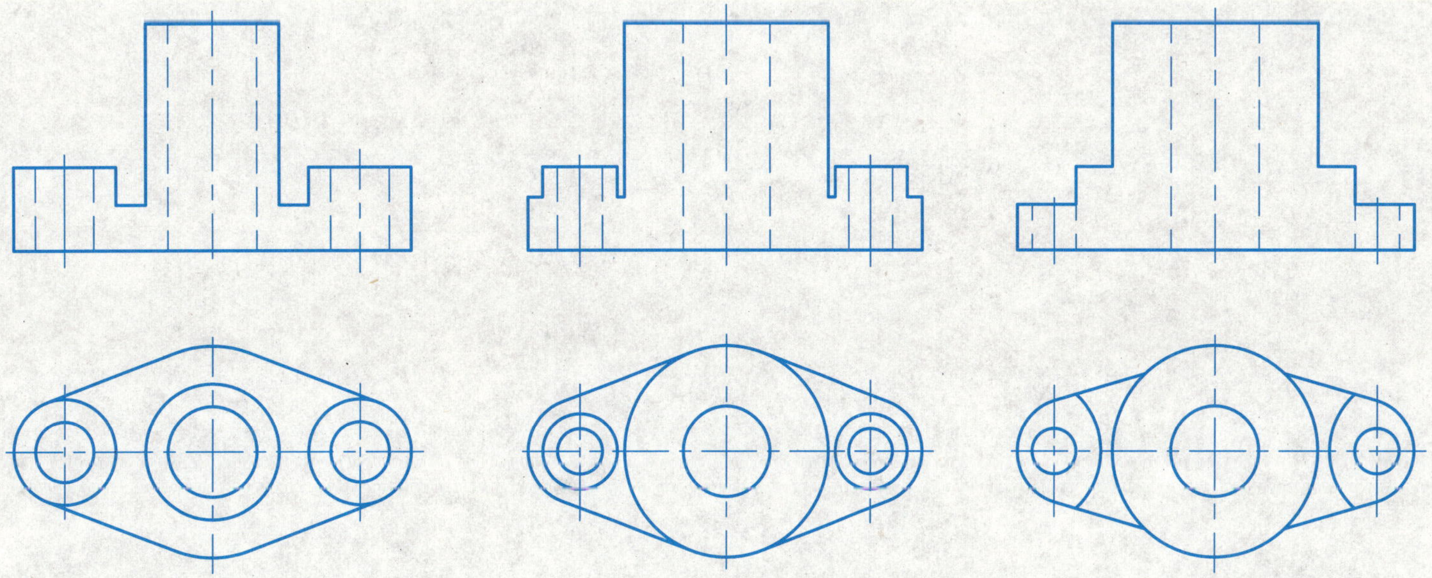

5.

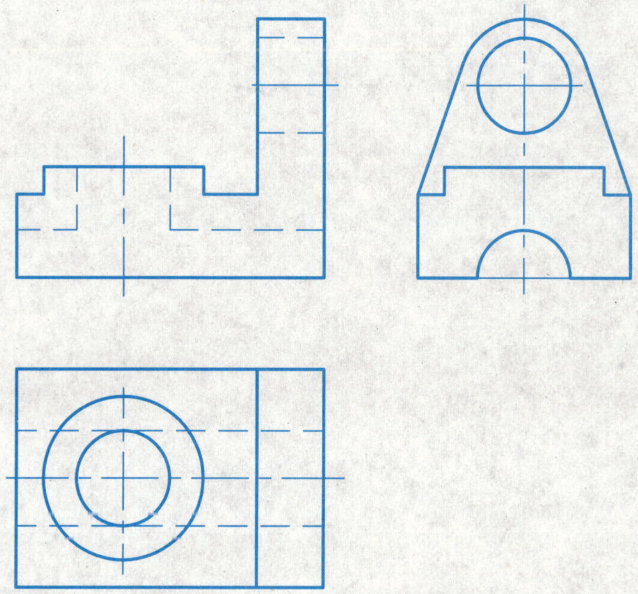

4-9 看懂组合体的形状，补画第三视图（二）　　班级　　姓名　　学号

1.

2.

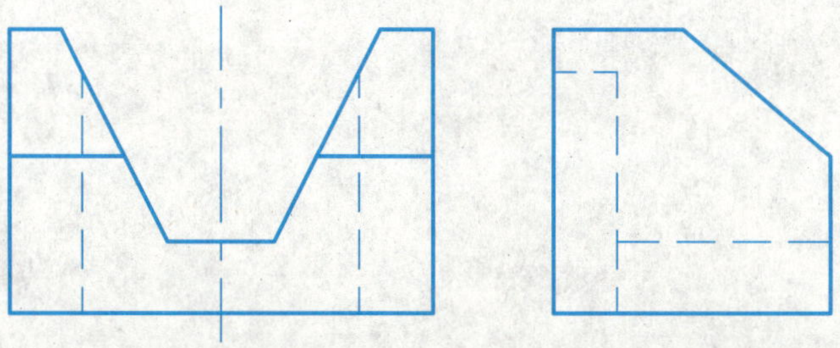

3.

4.

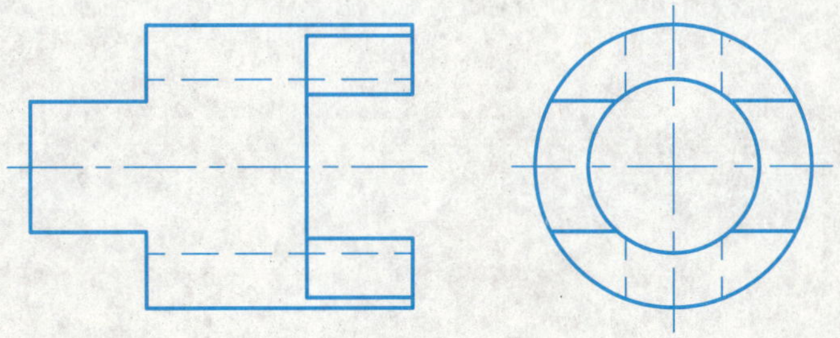

5.

6.

4-10 根据已知的视图，用计算机生成不同形状的组合体，再画出另外两个视图	班级	姓名	学号

1. 已知主视图

2. 已知俯视图

2. 已知左视图

5-1 分别用计算机和仪器画出下列形体的正等轴测图（第1题徒手画） | 班级 | 姓名 | 学号

1.

2.

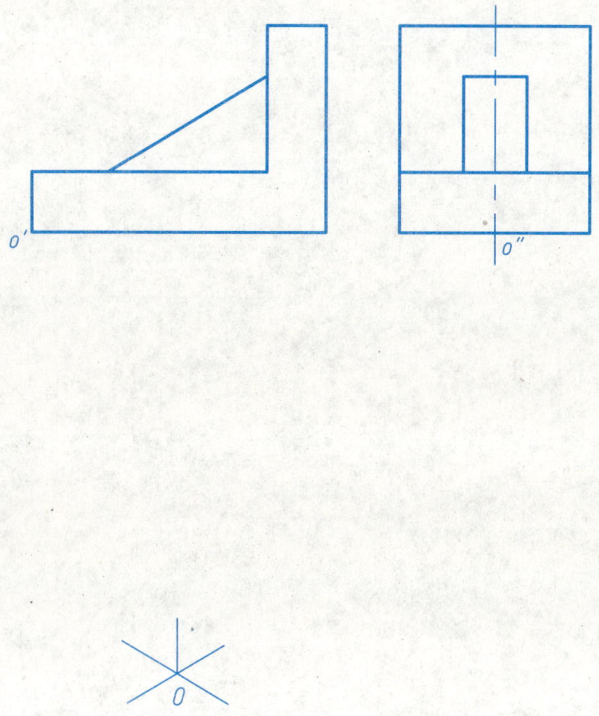

o′ o″ O

3.

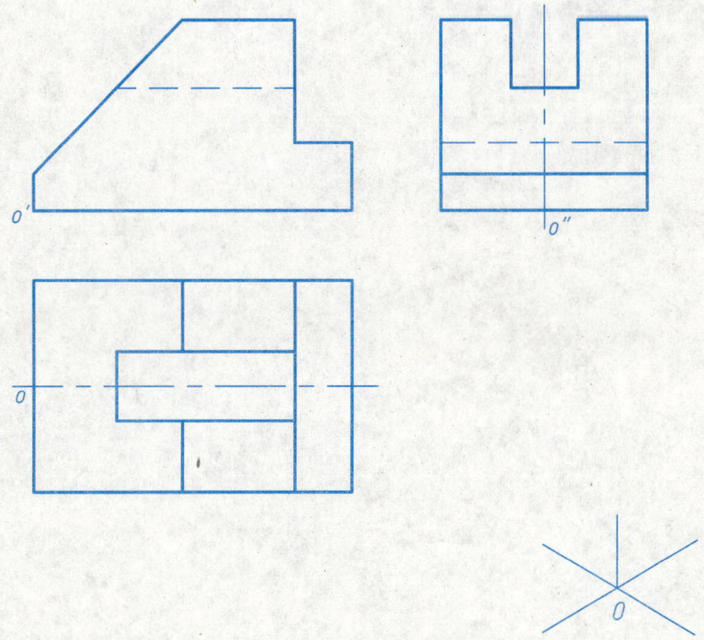

o′ o″ o O

4.

o′ o O

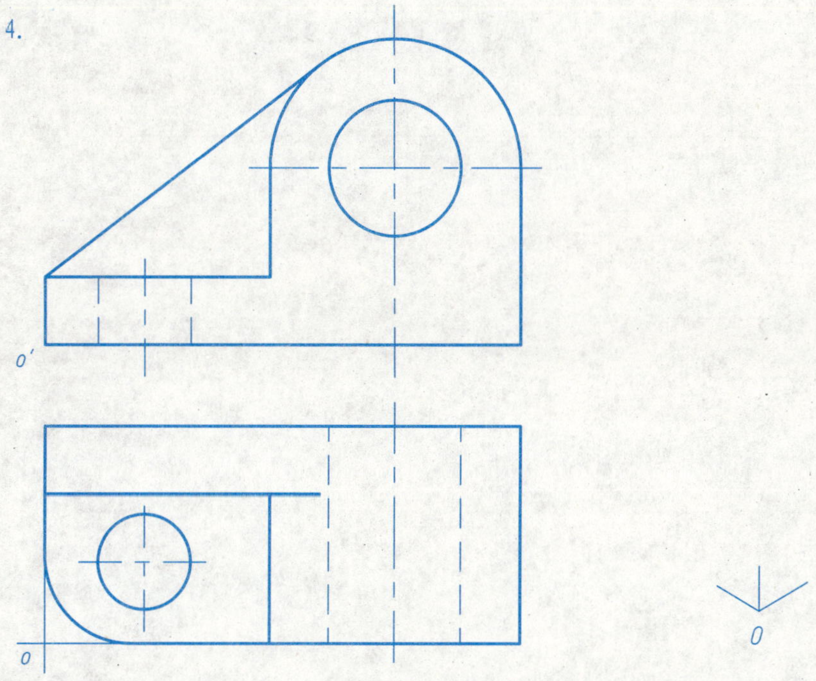

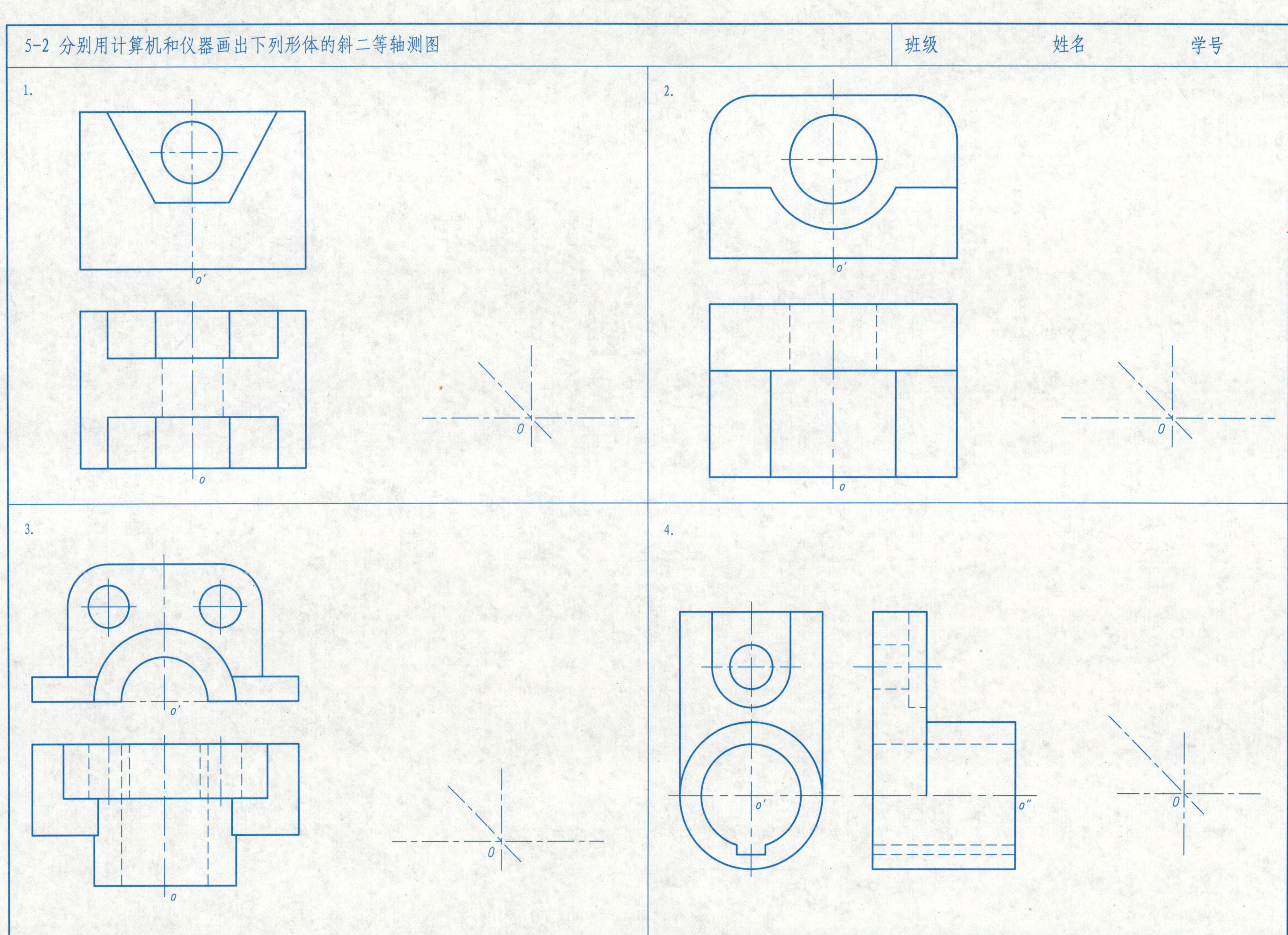

5-2 分别用计算机和仪器画出下列形体的斜二等轴测图
班级
姓名
学号
1.
2.
3.
4.
o′
o
o″

6-1 基本视图、向视图、斜视图和局部视图　　班级　　姓名　　学号

1. 根据给出的三视图补画右视图。

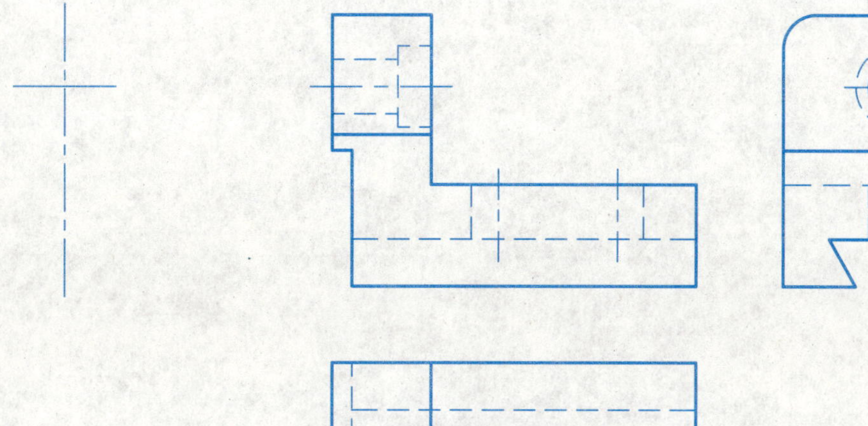

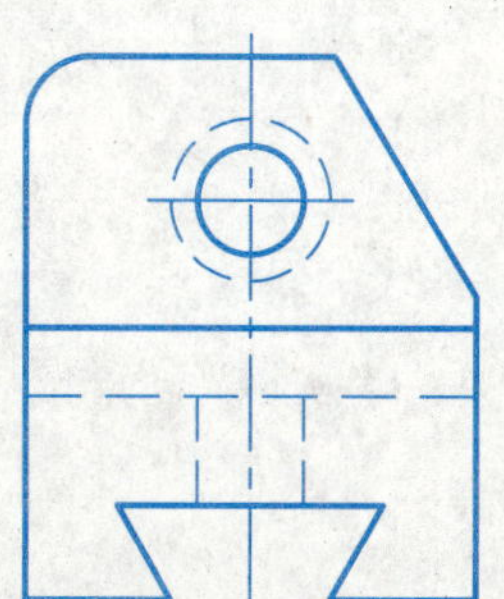

2. 画出A向斜视图和B向局部视图。

3. 作A向斜视图（右端安装板圆角半径为2.5mm）。

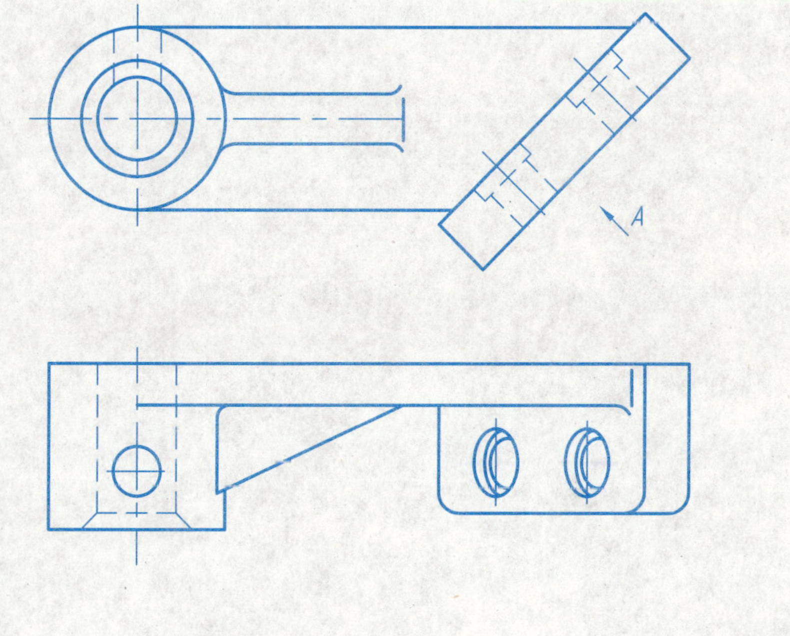

4. 参照左边视图，看懂物体形状，按右边图的标注，画出物体的A向斜视图及B、C向局部视图。

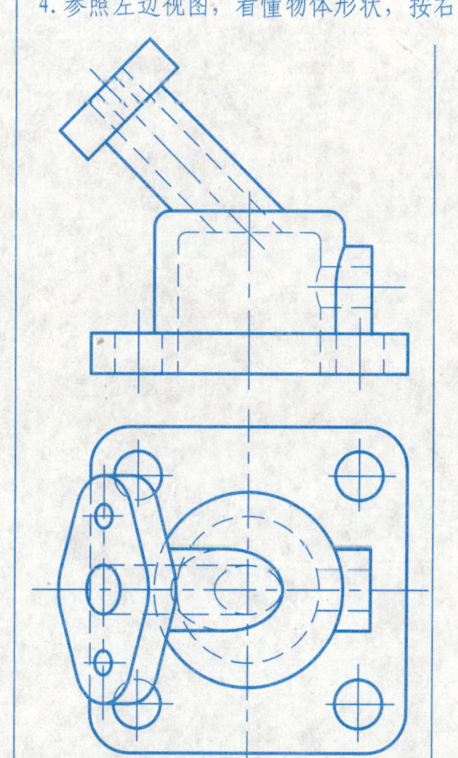

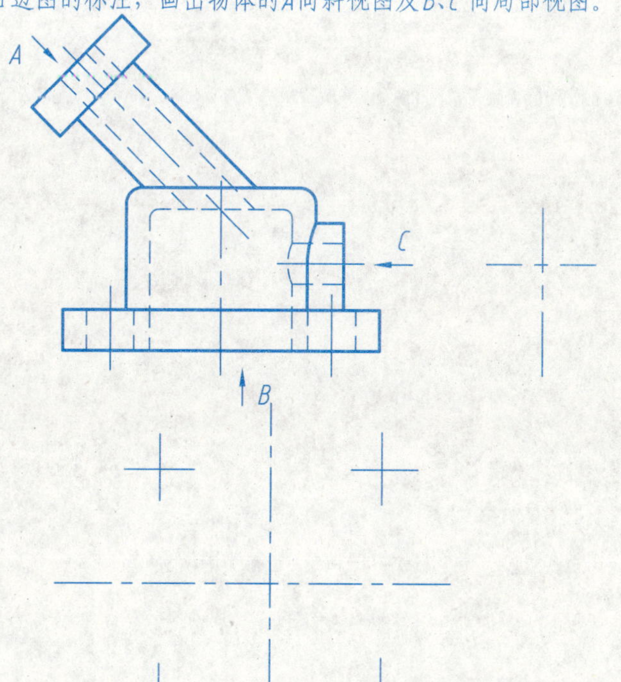

6-2 用单一剖切平面剖切的方法作全剖视图（提示：该页可作为计算机绘图练习）

班级　　　　姓名　　　　学号

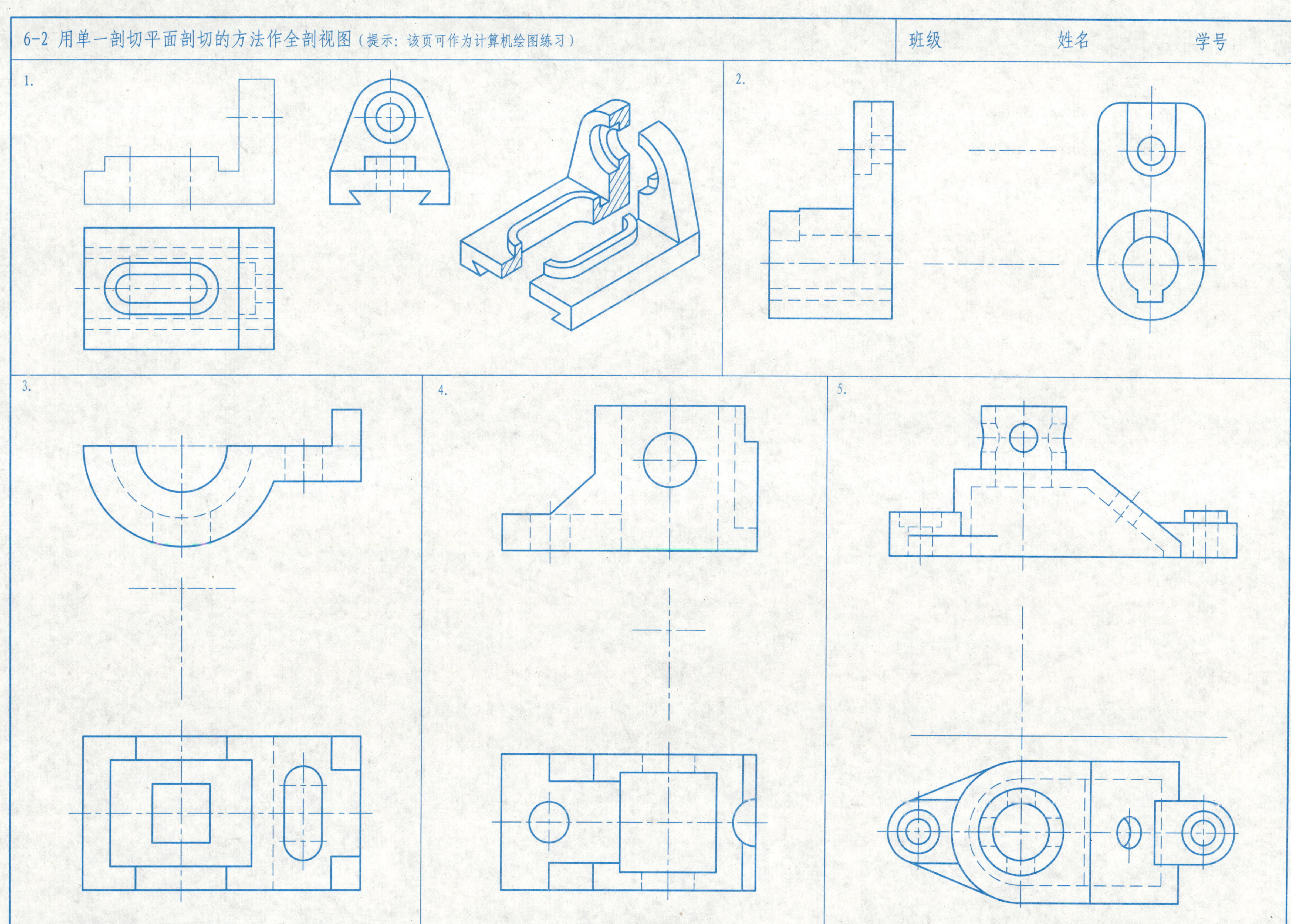

6-3 对机件作半剖视图和局部剖视图（提示：该页题目可作为计算机绘图练习）

班级　　姓名　　学号

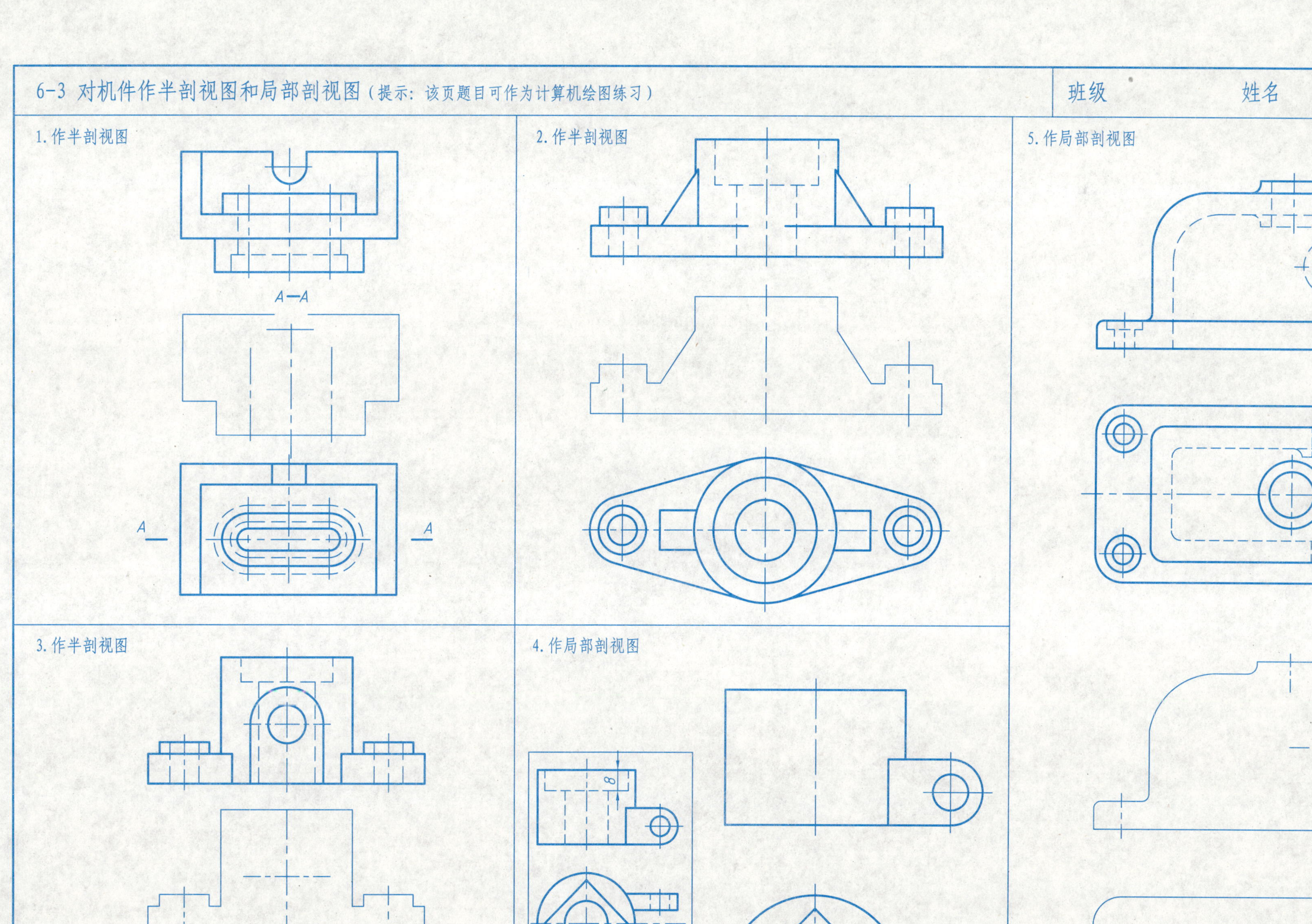

6-4 分析剖视图中错误及补画漏线

班级	姓名	学号

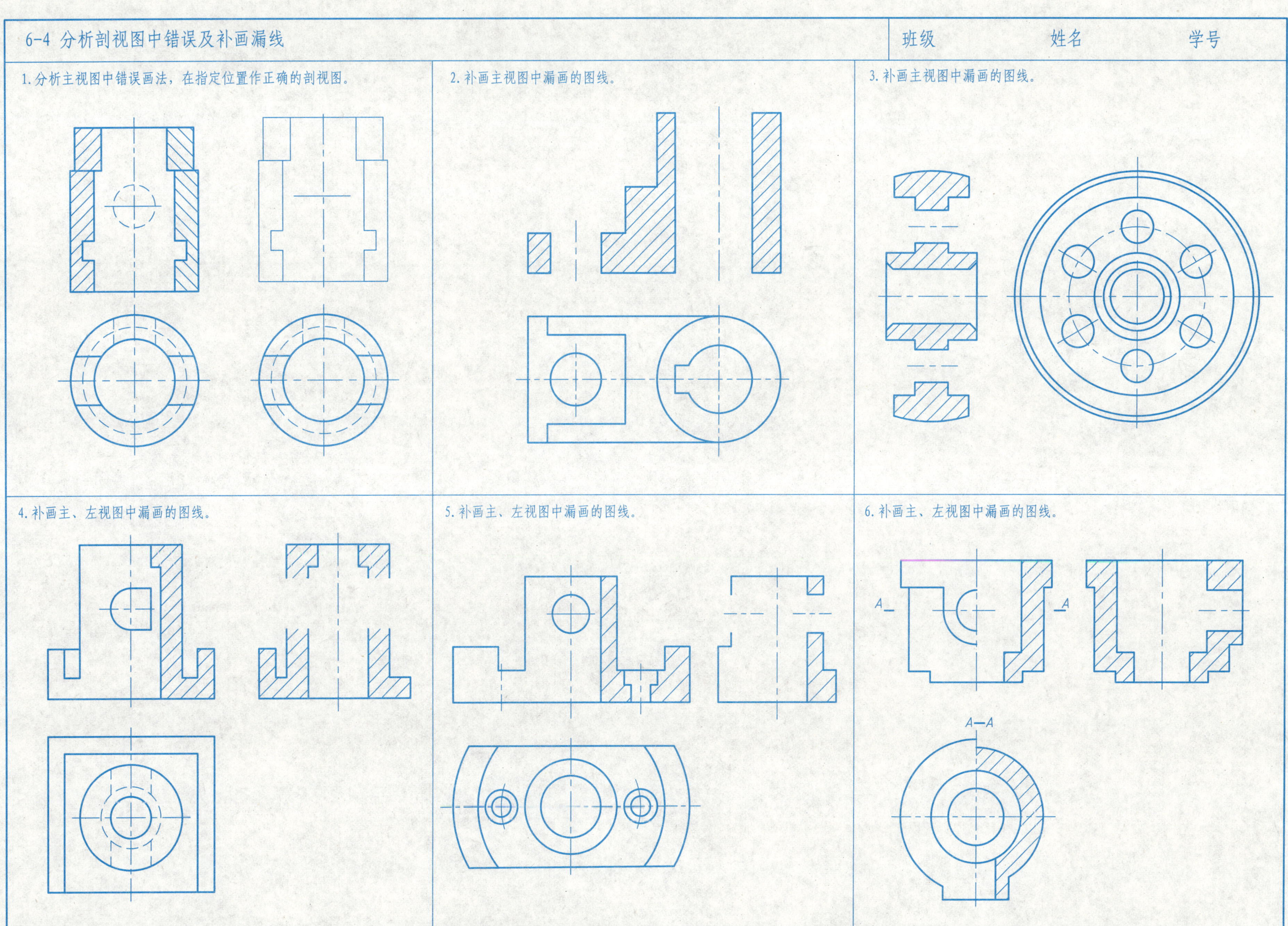

6-5 用不同的剖切方法作剖视图（一）（提示：该页题目可作为计算机绘图练习）

班级　　姓名　　学号

1. 将主视图作全剖视图，左视图作半剖视图。

2. 用几个互相平行的剖切平面剖切的方法作全剖视图，并作标记。

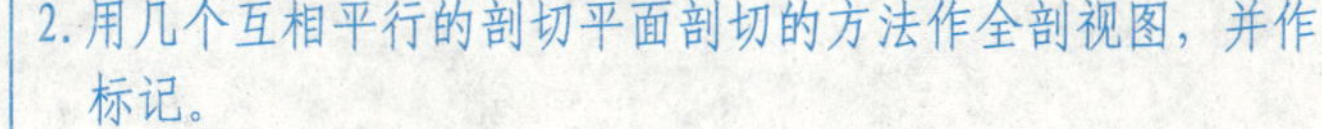

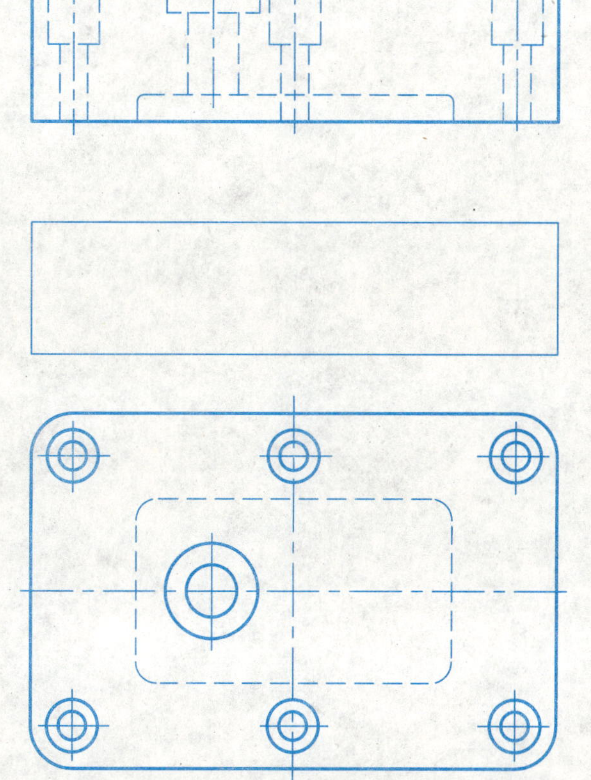

3. 用几个互相平行的剖切平面剖切的方法作全剖视图，并作标记。

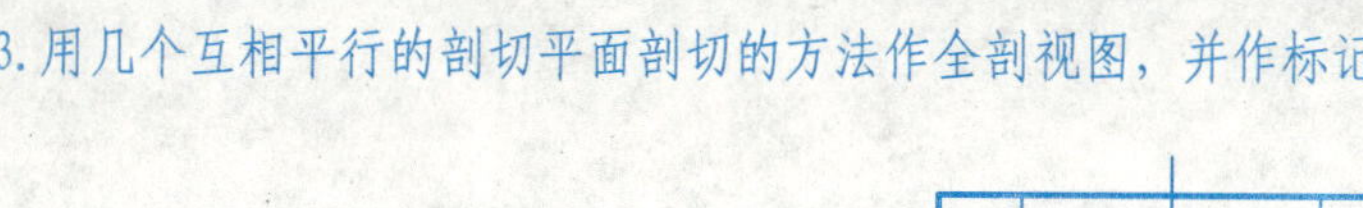

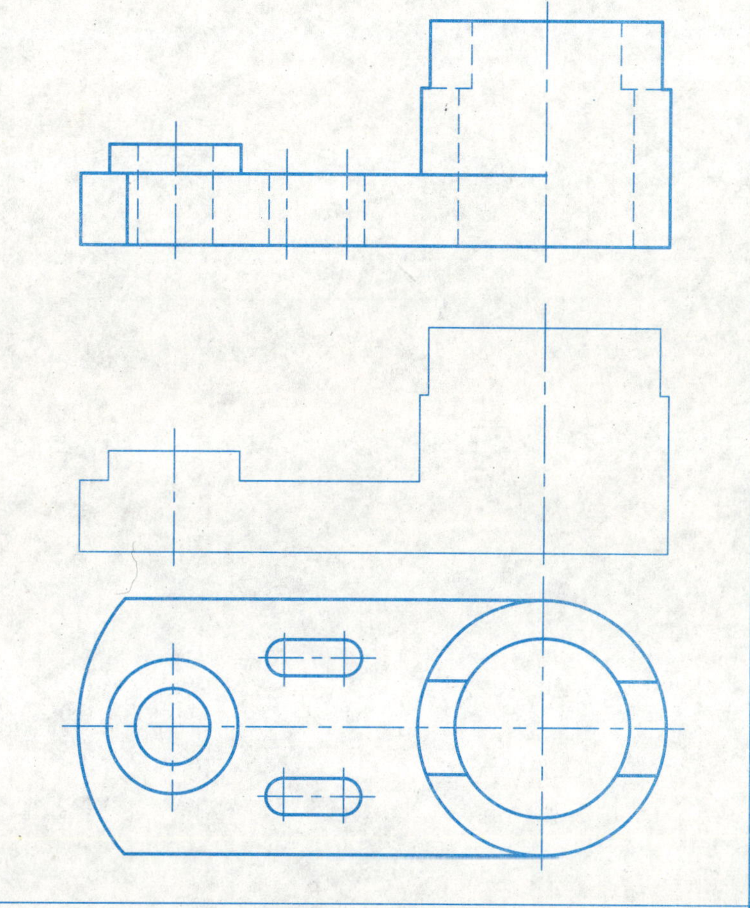

4. 用相交的剖切平面剖切的方法作全剖视图，并作标记。

5. 用相交的剖切平面剖切的方法作全剖视图，并作标记。

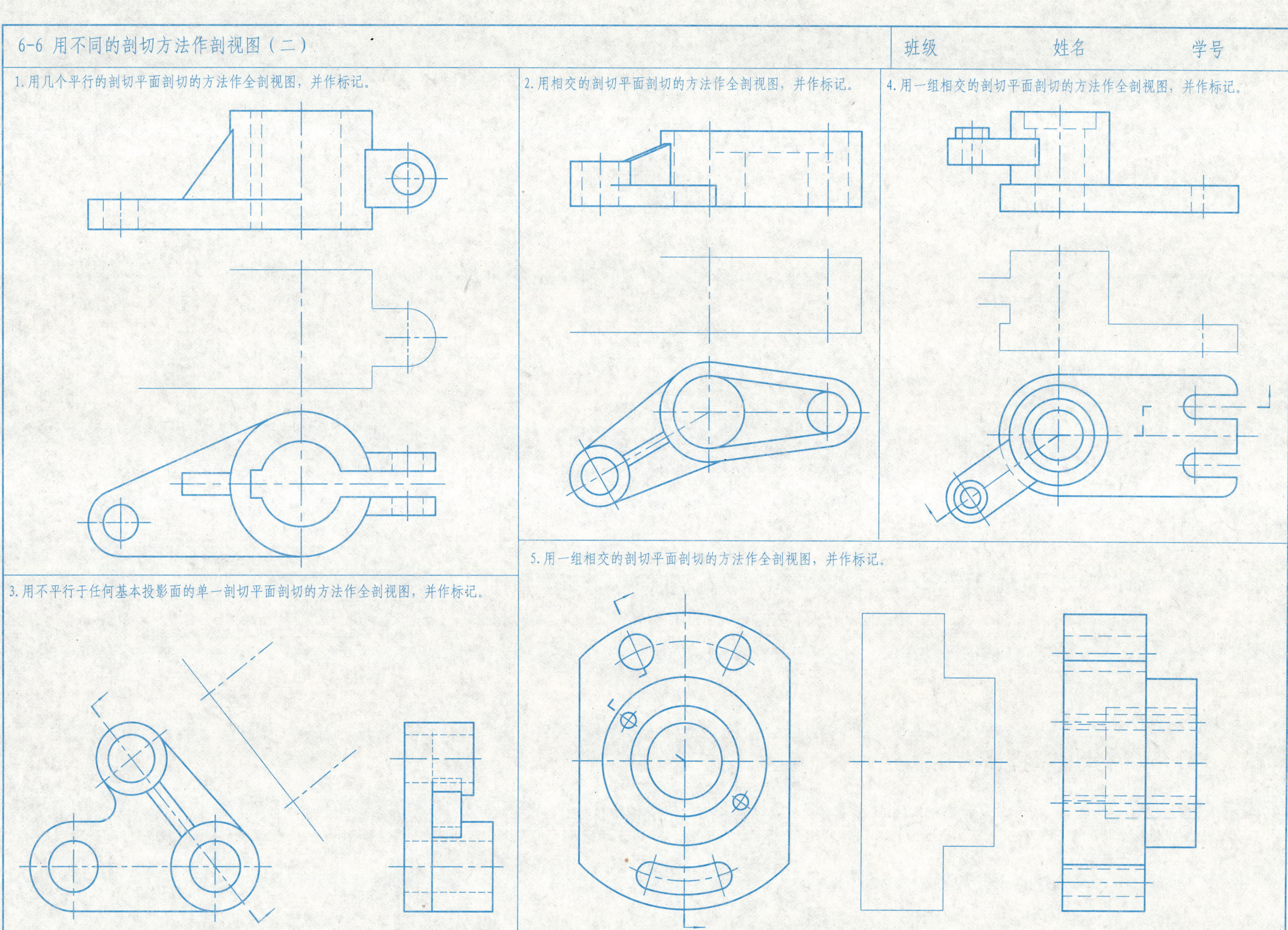
1. 用几个平行的剖切平面剖切的方法作全剖视图，并作标记。
2. 用相交的剖切平面剖切的方法作全剖视图，并作标记。
4. 用一组相交的剖切平面剖切的方法作全剖视图，并作标记。
3. 用不平行于任何基本投影面的单一剖切平面剖切的方法作全剖视图，并作标记。
5. 用一组相交的剖切平面剖切的方法作全剖视图，并作标记。

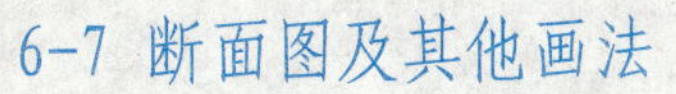

6-7 断面图及其他画法

班级　　　　姓名　　　　学号

1. 在指定位置作移出断面（键槽深为 4 mm），并作标记。

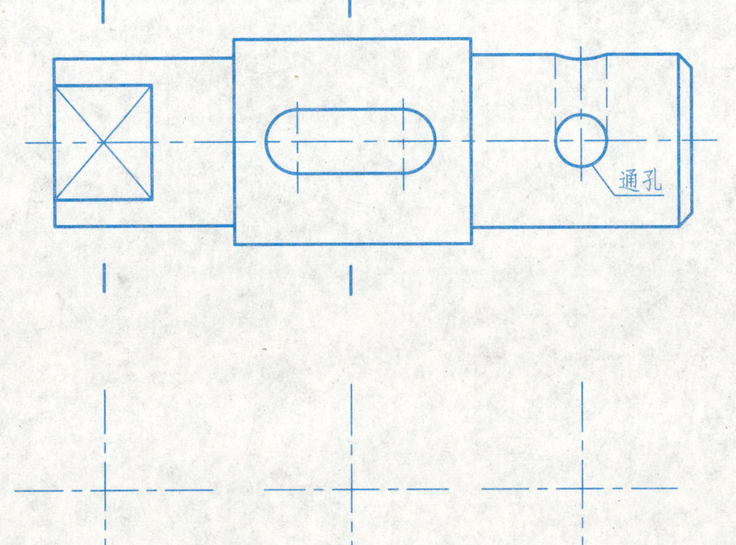

2. 在指定位置作移出断面（右边键槽深为 4 mm），并作标记。

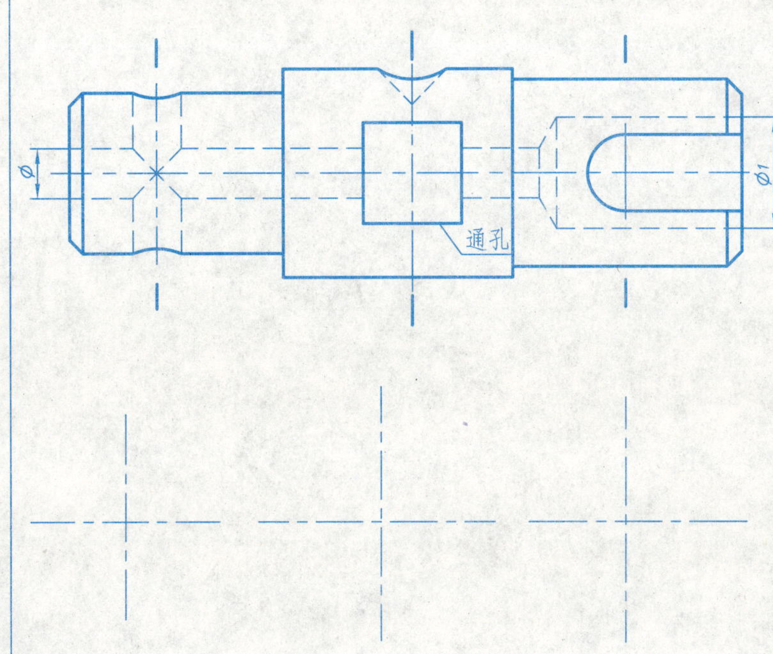

3. 作出 $A—A$ 移出断面。

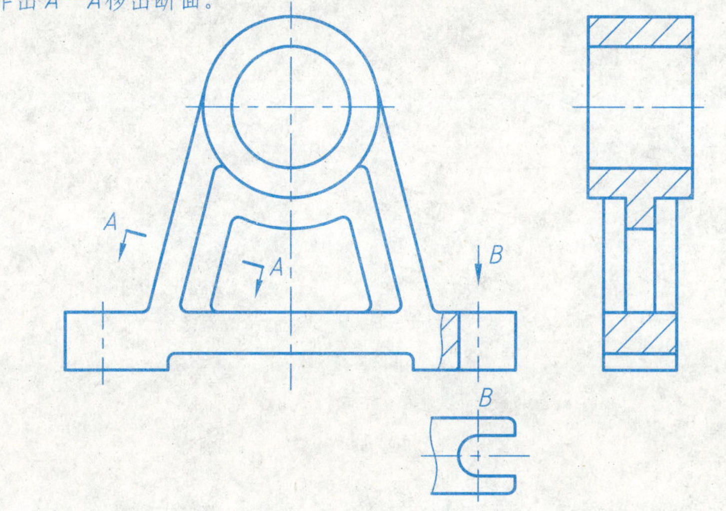

4. 在指定位置作重合断面。

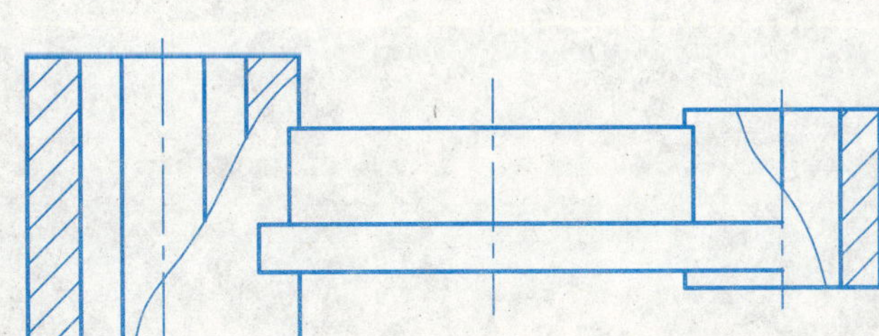

5. 在指定位置作移出断面。

6. 按规定画法将主视图画成全剖视图。

6-8 根据已知视图，选择适当的表达方法，在A3幅面图纸上用1：1的比例将机件表达清楚，并标注尺寸　　班级　　姓名　　学号

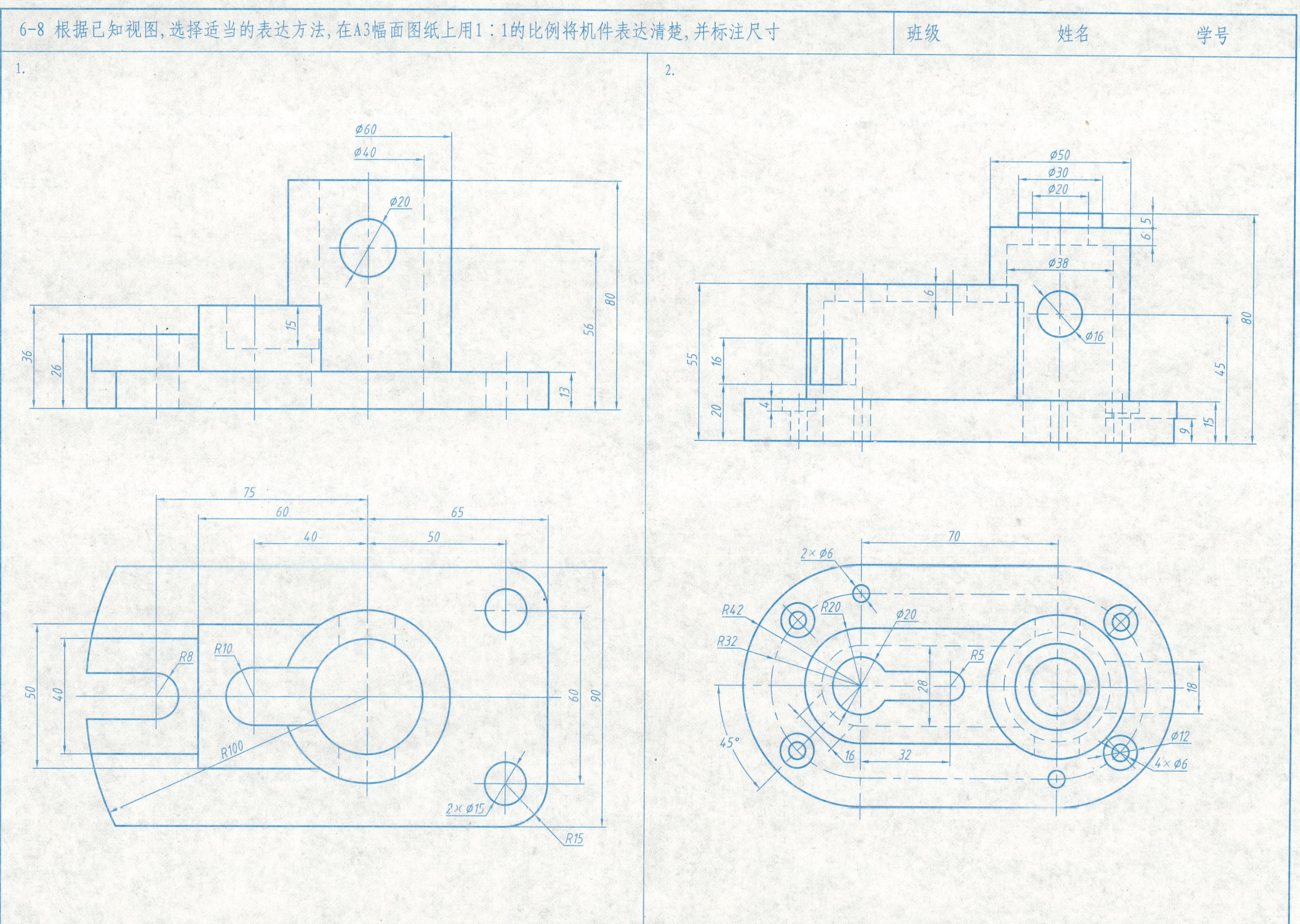

6-9 参照轴测图，用适当的表达方法将机件表达清楚（提示：该页题目可利用计算机绘制完成）	班级 姓名 学号

1.

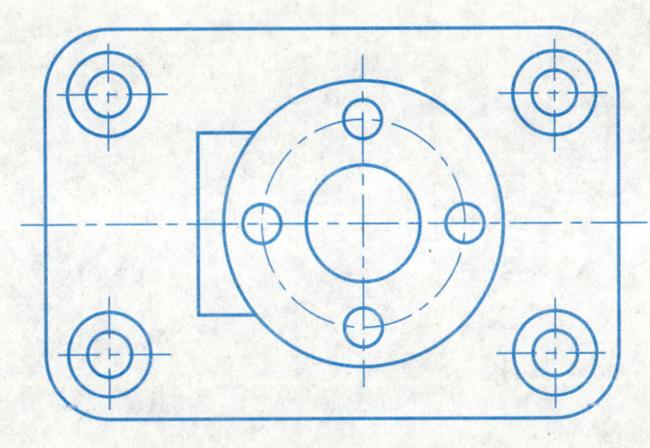

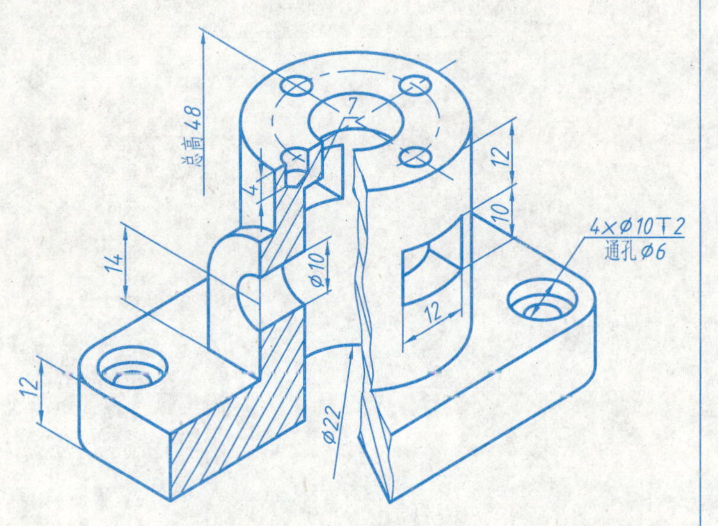

2.

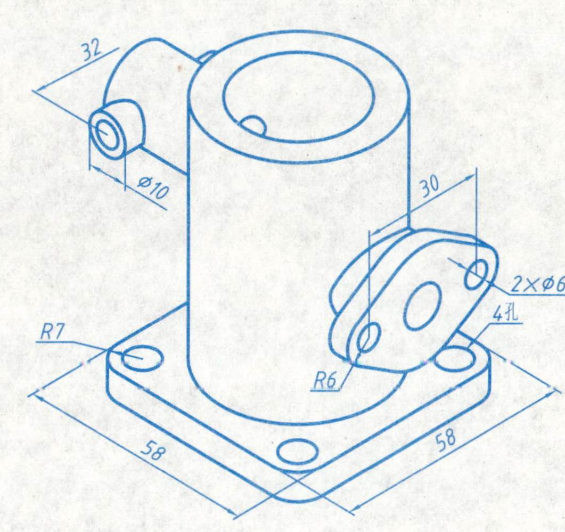

7-1 螺纹的画法及标注

班级　　　　姓名　　　　学号

1. 已知杆件的直径为$\phi 20$，在杆的左端制大径为M20、长度为30 mm的粗牙普通螺纹，左端倒角为$2\times45°$（小径≈0.85d），试画出螺杆的主、左视图。

2. 在机件的左端加工有M20的粗牙普通螺孔，钻孔深度为40 mm，螺纹孔深为30 mm，试画出螺纹孔的主、左视图。

3. 将题1的外螺纹调头，旋入题2的螺孔，旋合长度为20 mm，作内外螺纹连接的主视图。

5. 在下列图中标注出螺纹的规定标记。

(1) 粗牙普通螺纹，公称直径16，螺距2，右旋，中径、顶径公差带分别5g、6g，旋合长度为中等。

(2) 细牙普通螺纹，公称直径16，螺距1；右旋，中径、顶径公差带为7H，旋合长度为中等。

(3) 梯形螺纹，公称直径40，导程14，螺距7，双线，左旋，中径公差带为8e，长旋合长度。

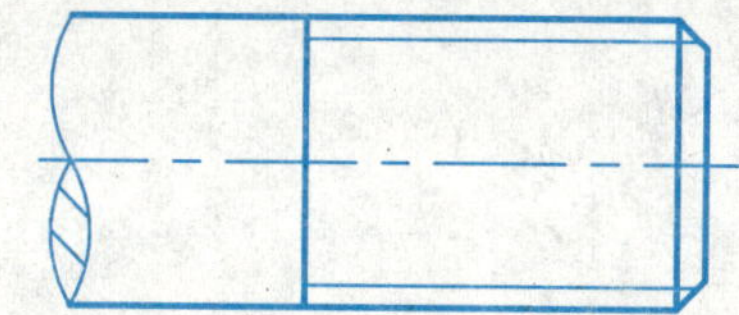

(4) 非螺纹密封的管螺纹3/4英寸，精度A级，左旋。

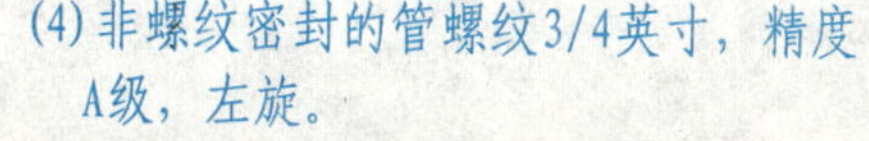

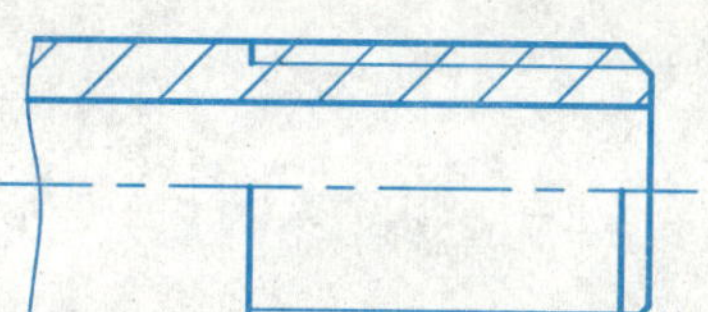

4. 找出下列画法中的错误（打×号），并将正确的图形画在下方。

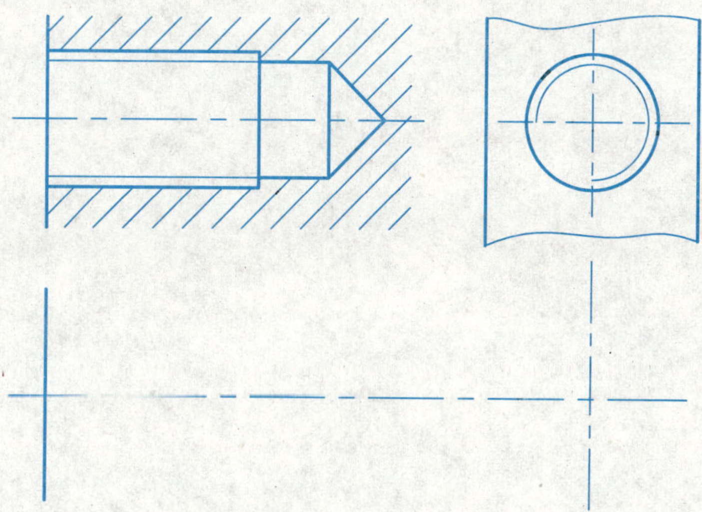

7-2 直齿圆柱齿轮、直齿圆锥齿轮画法	班级	姓名	学号

1. 已知一直齿圆柱齿轮 $m=3$, $Z=23$，试计算 d、d_a、d_f，并按规定画法画全齿轮的两个视图，注全尺寸，其中倒角均为1×45°。

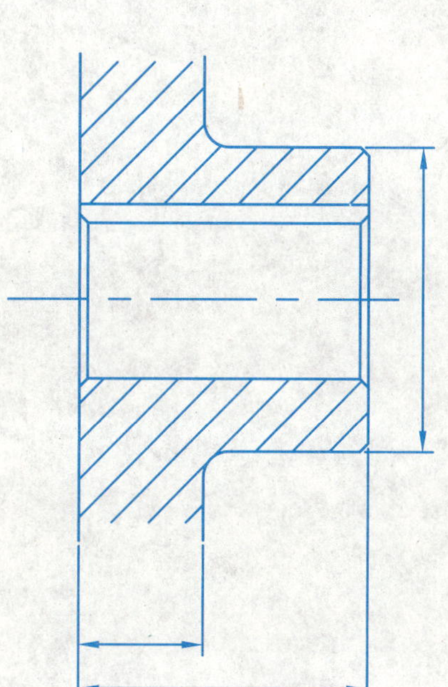

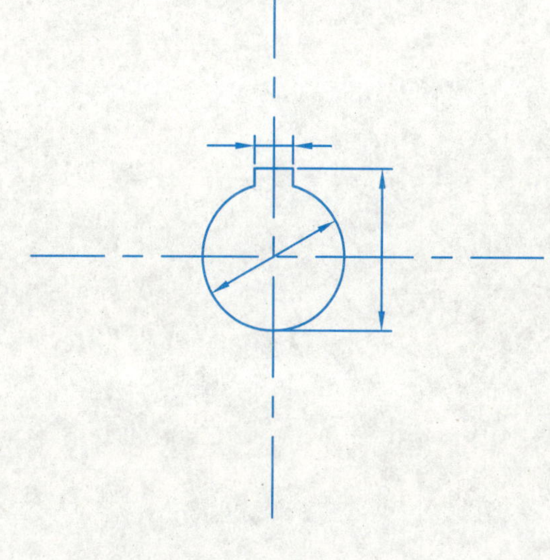

2. 已知一对平板直齿圆柱齿轮啮合，$Z_1=Z_2=17$、$m=3$，试按规定画法画全两齿轮啮合的两个视图。

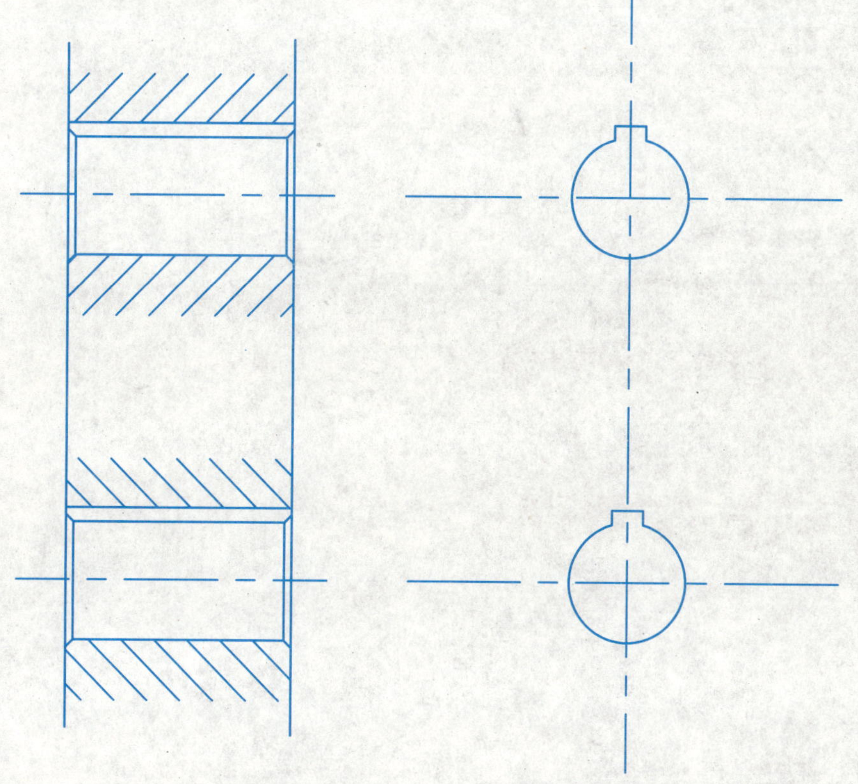

3. 已知一直齿圆锥齿轮 $m=3$，$Z=23$，$\alpha=45°$ 经计算后，按规定画法画全齿轮的两个视图，并注全尺寸，其中倒角均为1×45°。

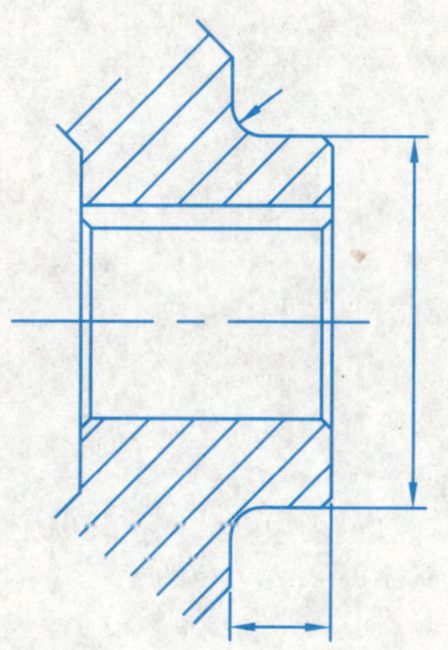

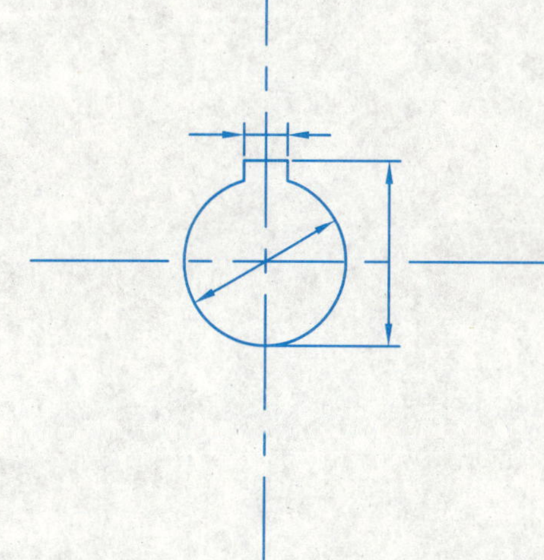

4. 已知一对直齿圆锥齿轮啮合，$Z_1=Z_2=18$、$m=3$，两轴夹角为90°，试按规定画法画全两齿轮啮合的两个视图。

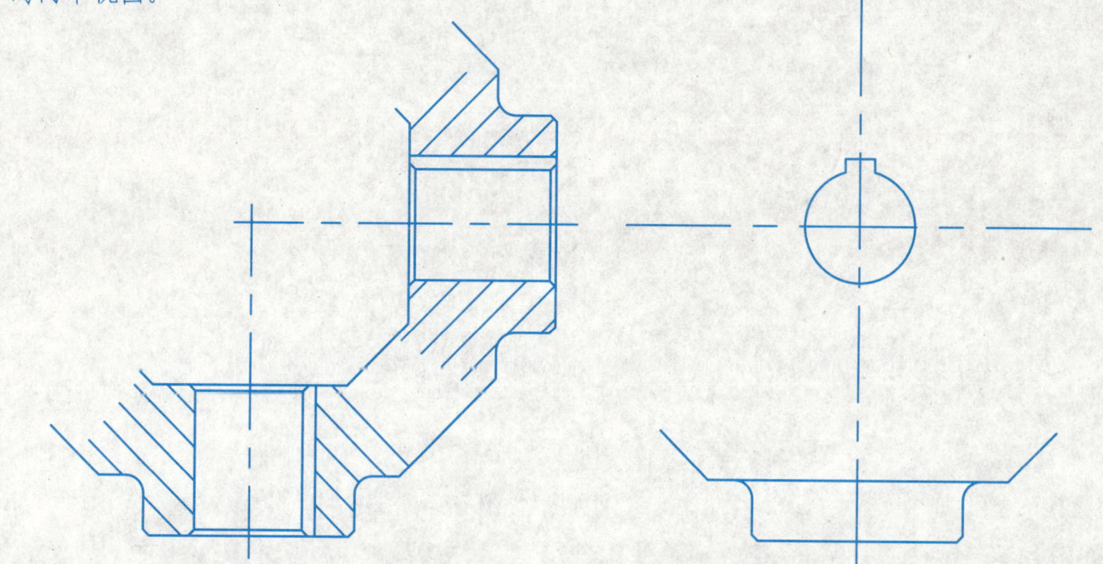

7-3 根据轴测图画零件图　　　　班级　　　　姓名　　　　学号

一、作业内容：画两个零件的草图，并从中任选一个零件整理成正规图（由计算机或尺规绘制的图）。

二、作业目的：了解零件图的内容，综合运用机械图样的各种表达方法，完整、清晰地表达零件。

三、作业指示：

1. 根据给定零件的立体图，分析零件的结构，确定主视图以及其他视图的数量和表达方法；比较各种表达方案，选择较优方案表达零件。
2. 根据确定的零件的表达方案，徒手画出零件的草图，标注尺寸。
3. 将零件的草图整理成正规图。

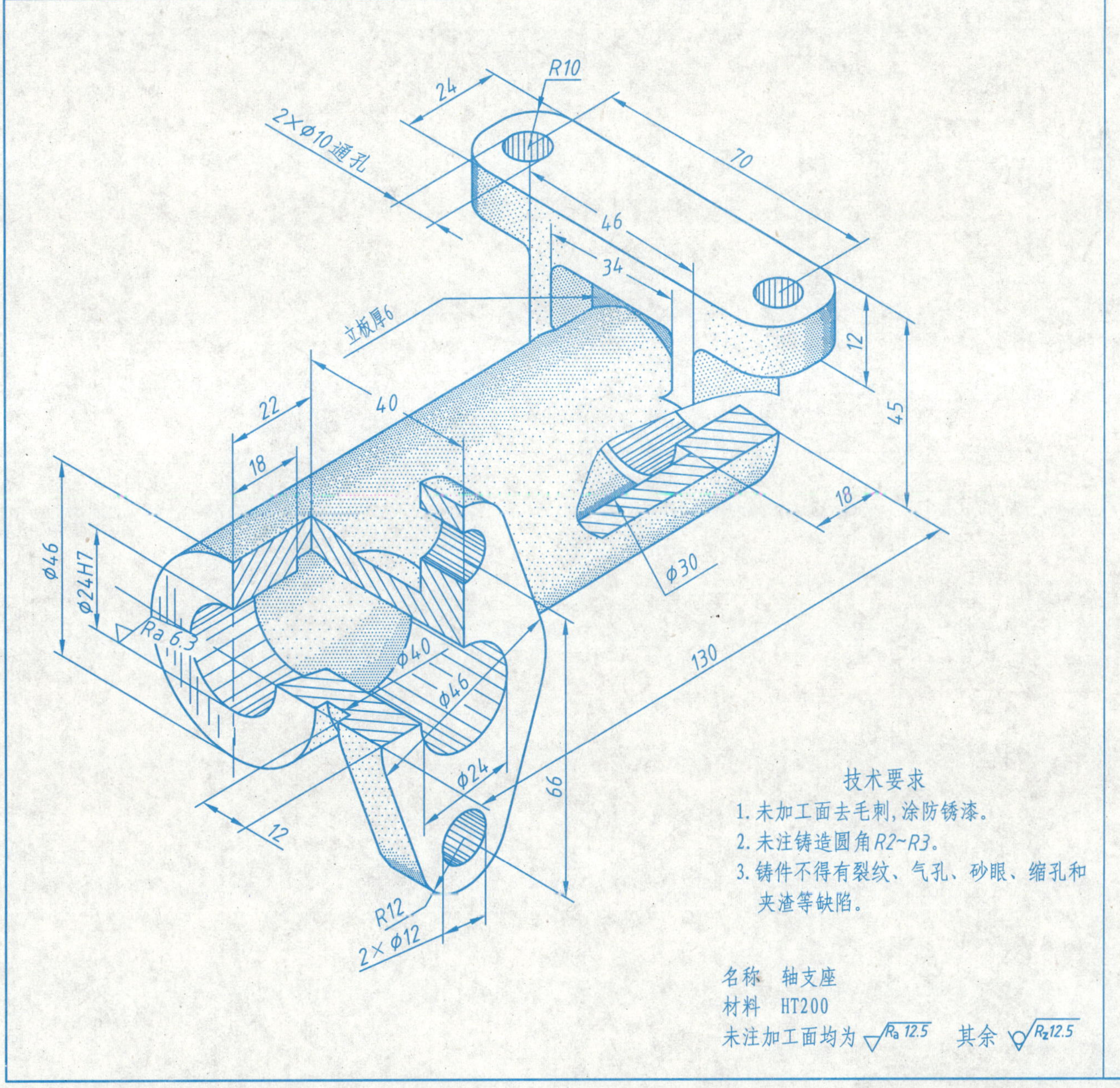

技术要求

1. 未加工面去毛刺，涂防锈漆。
2. 未注铸造圆角R2~R3。
3. 铸件不得有裂纹、气孔、砂眼、缩孔和夹渣等缺陷。

名称　轴支座

材料　HT200

未注加工面均为 $\sqrt{Ra\ 12.5}$　其余 $\sqrt{Rz\ 12.5}$

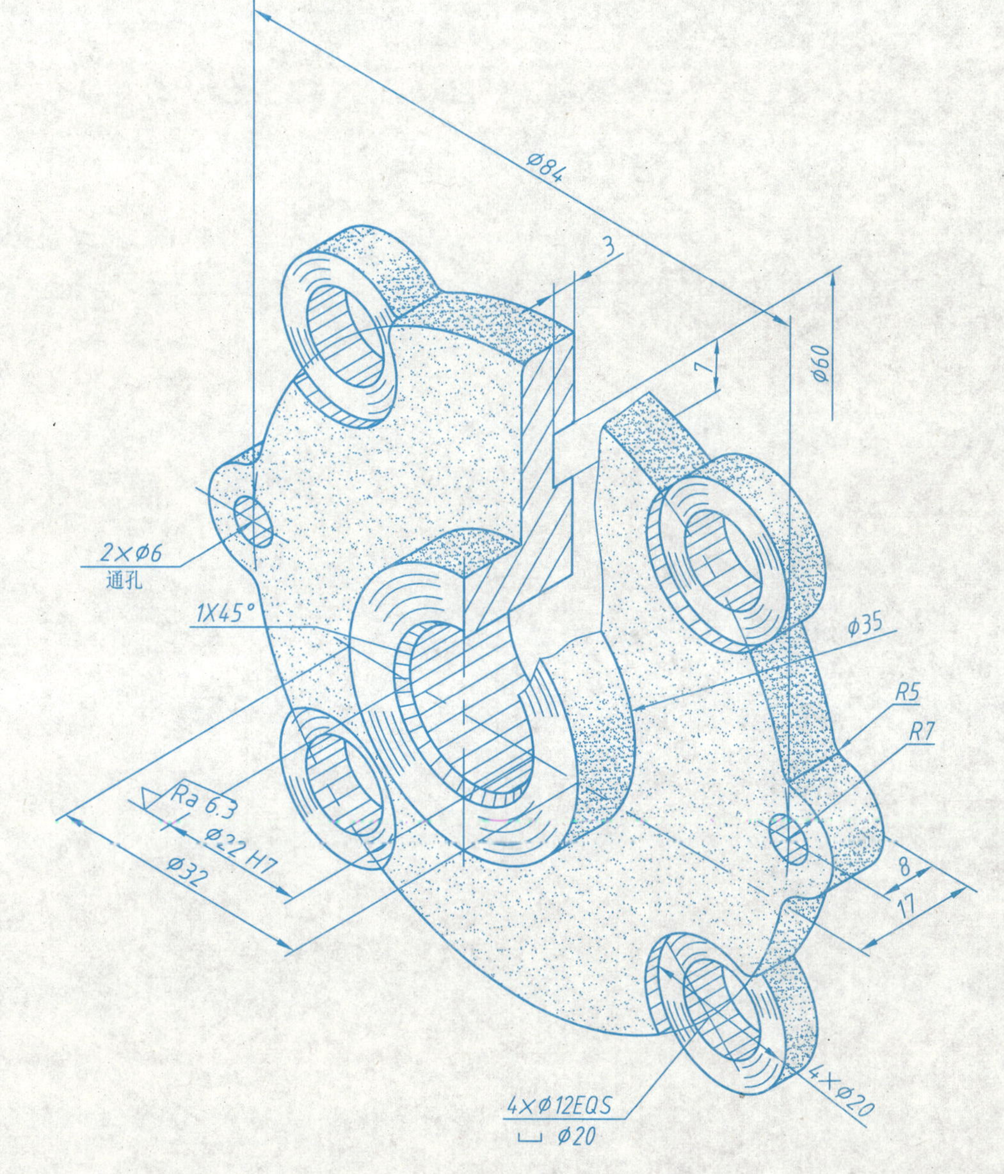

技术要求

1. 未加工面去毛刺，涂防锈漆。
2. 未注铸造圆角R2~R3。
3. 铸件不得有裂纹、气孔、砂眼、缩孔和夹渣等缺陷。

名称　油泵盖

材料　HT150

未注加工面均为 $\sqrt{Ra\ 12.5}$

其余 $\sqrt{Rz\ 12.5}$

7-4 表面的结构要求、极限与配合

班级　　　　姓名　　　　学号

1. 将左图中错误的表面粗糙度标注改正后，在右图中注出。

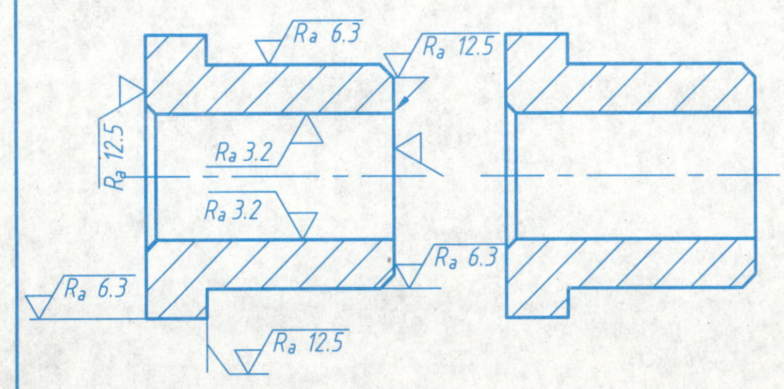

2. 将指定的表面粗糙度用代号标注在图上。

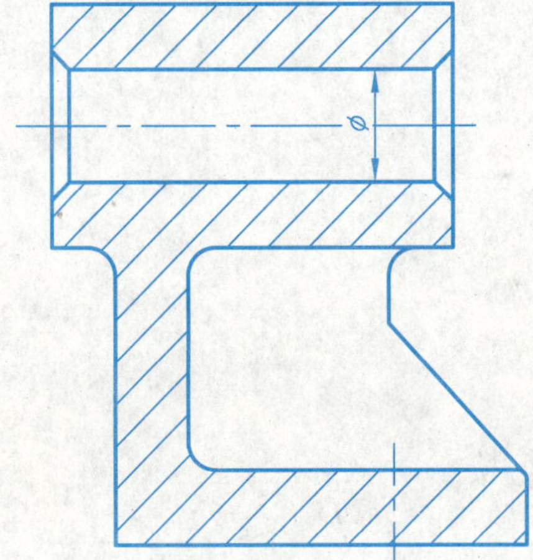

大圆柱左、右端面Ra的上限值为12.5μm;

圆柱内表面Ra的上限值为3.2μm;

底面Ra的上限值为12.5μm;

其余表面均不进行切削加工，Rz值为12.5μm。

3. 根据配合代号，在零件图上分别标出轴和孔的偏差值，并指出配合的基准制、配合的性质。

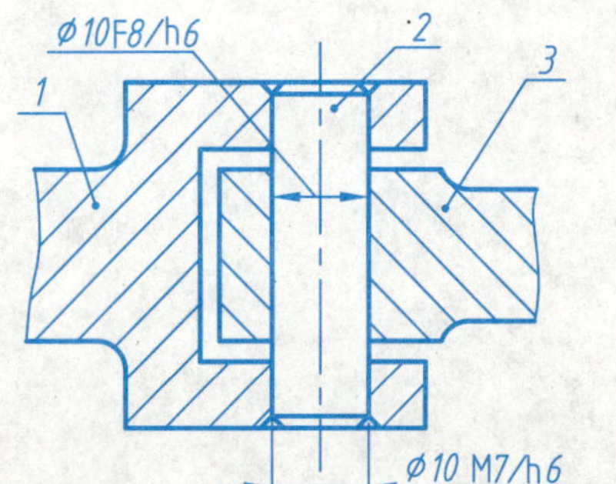

零件	配合的基准制	配合的性　质
零件1与2		
零件2与3		

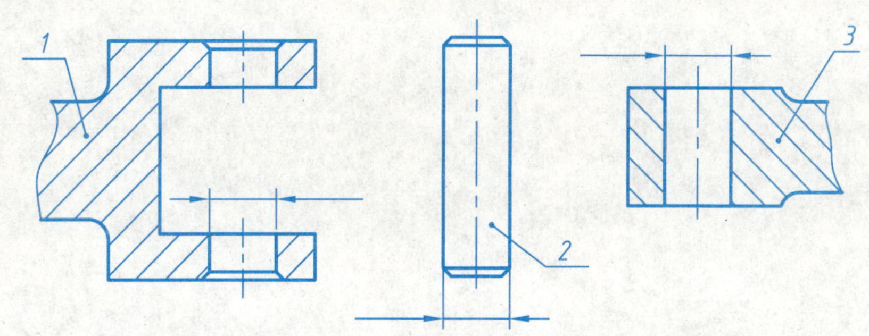

4. 已知如表所示：

名　称	基本尺寸	基本偏差代号	公差等级
孔	ø30	H	IT7
套（外圆）	ø30	m	IT6
套（内孔）	ø20	F	IT8
轴	ø20	h	IT7

（1）试在图(a)、(b)、(c)中以公差带代号和偏差数值形式标注各孔、轴的尺寸；

（2）将三零件装配成一体，在图(d)中标注配合尺寸；

（3）孔与套的配合为基____制____配合；套与轴的配合为基____制____配合。

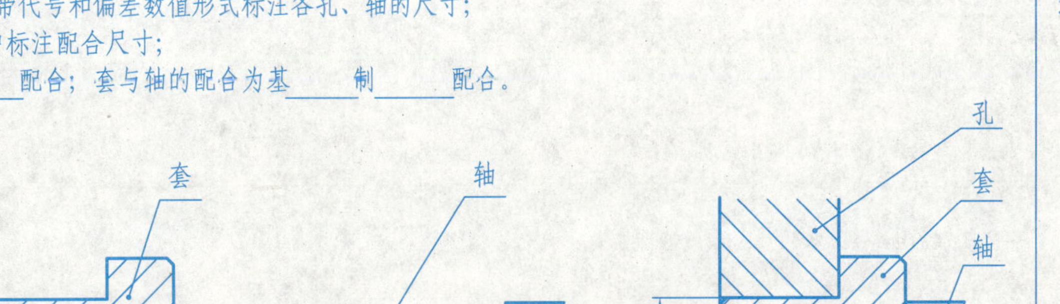

(a)　(b)　(c)　(d)

5. 说明图中形位公差的含义。

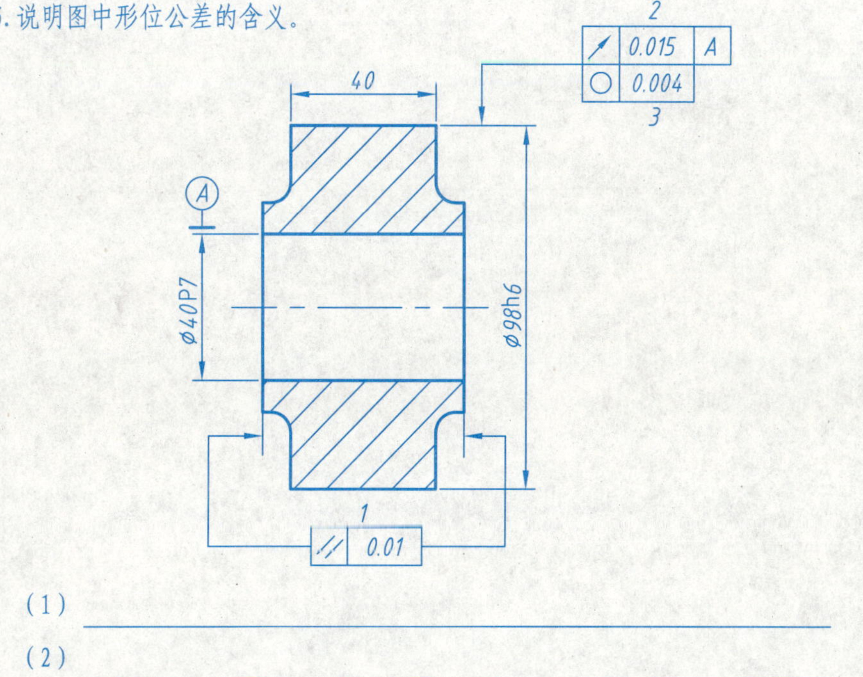

（1）________

（2）________

（3）________

7-5 读零件图（一）

班级　　　　姓名　　　　学号

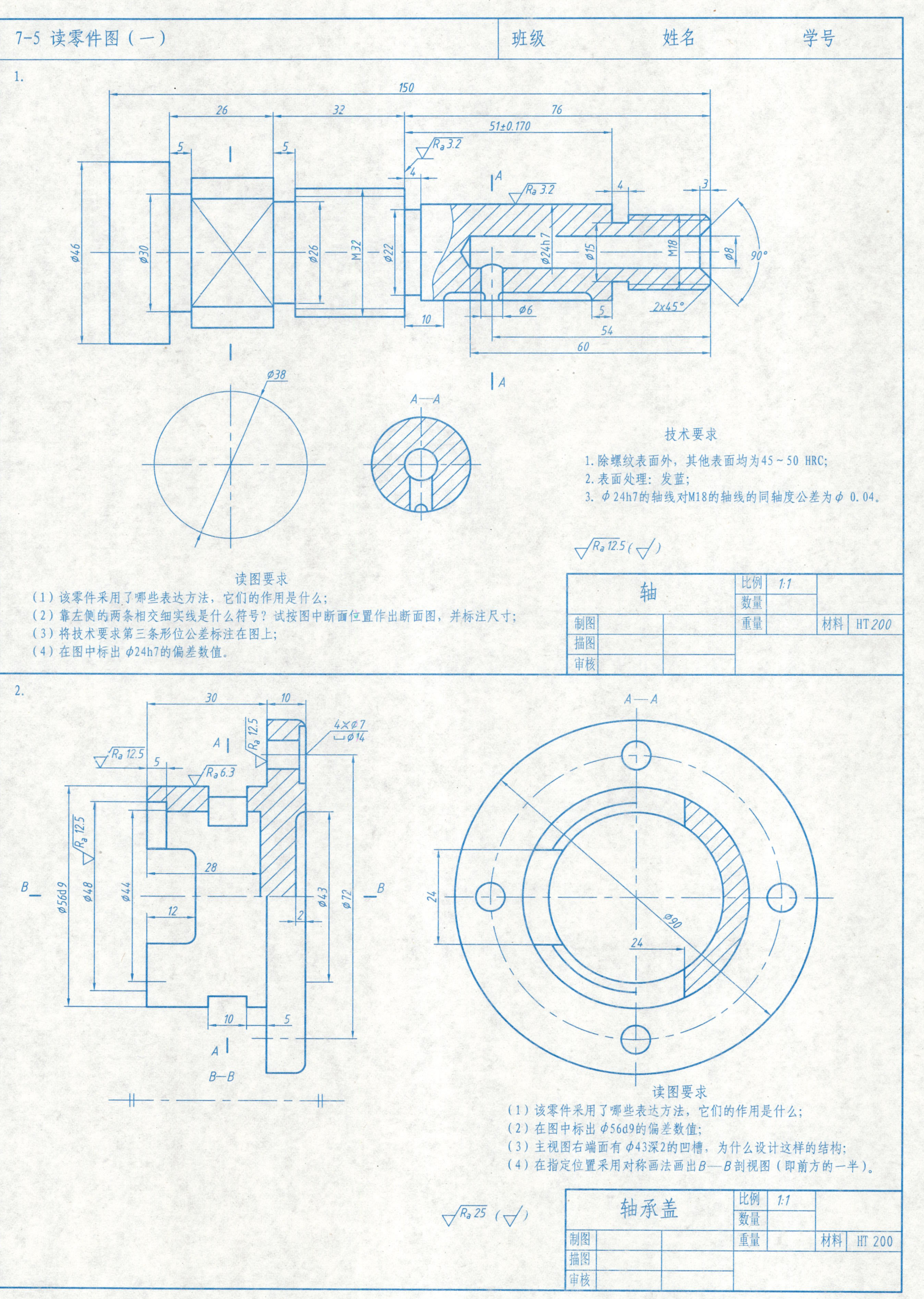

1.

技术要求

1. 除螺纹表面外，其他表面均为45～50 HRC;
2. 表面处理：发蓝；
3. ϕ 24h7的轴线对M18的轴线的同轴度公差为ϕ 0.04。

$\sqrt{Ra\ 12.5}$（$\sqrt{}$）

轴		比例	1:1	
		数量		
制图		重量		材料 HT 200
描图				
审核				

读图要求

（1）该零件采用了哪些表达方法，它们的作用是什么；
（2）靠左侧的两条相交细实线是什么符号？试按图中断面位置作出断面图，并标注尺寸；
（3）将技术要求第三条形位公差标注在图上；
（4）在图中标出 ϕ24h7的偏差数值。

2.

读图要求

（1）该零件采用了哪些表达方法，它们的作用是什么；
（2）在图中标出 ϕ56d9的偏差数值；
（3）主视图右端面有 ϕ43深2的凹槽，为什么设计这样的结构；
（4）在指定位置采用对称画法画出B—B剖视图（即前方的一半）。

$\sqrt{Ra\ 25}$（$\sqrt{}$）

轴承盖		比例	1:1	
		数量		
制图		重量		材料 HT 200
描图				
审核				

 班级 姓名 学号

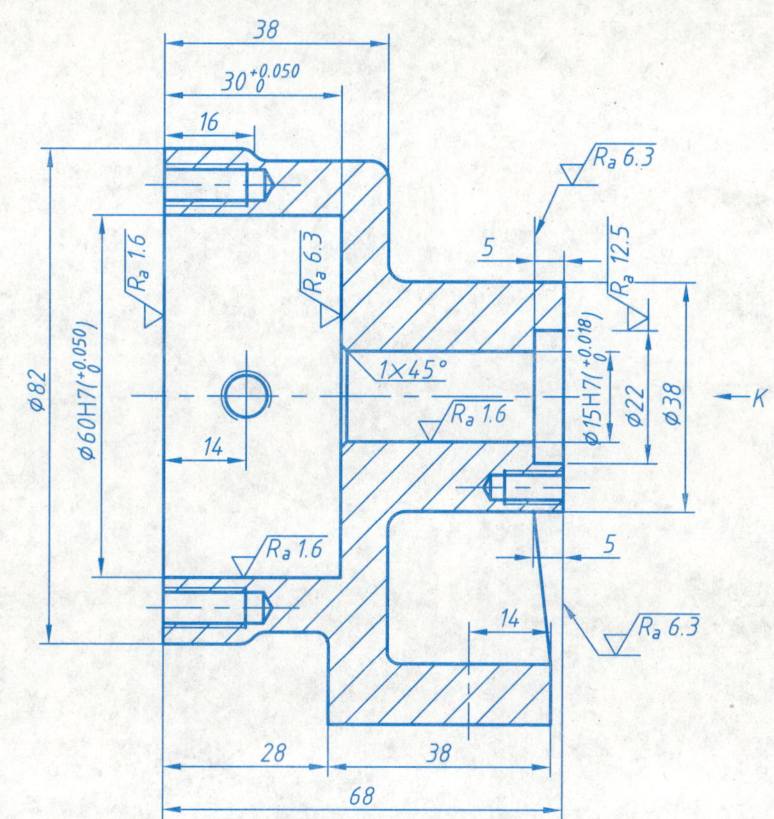

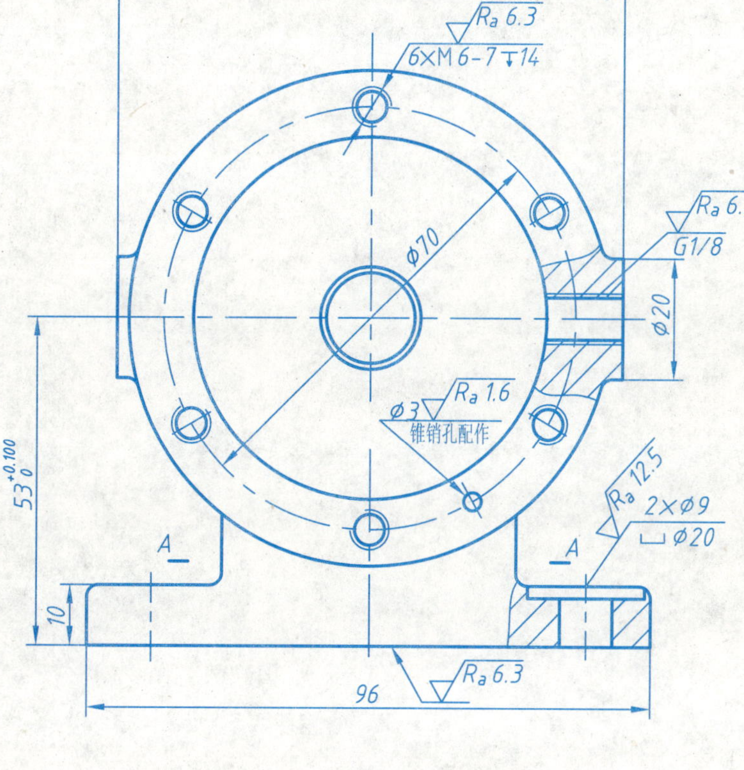

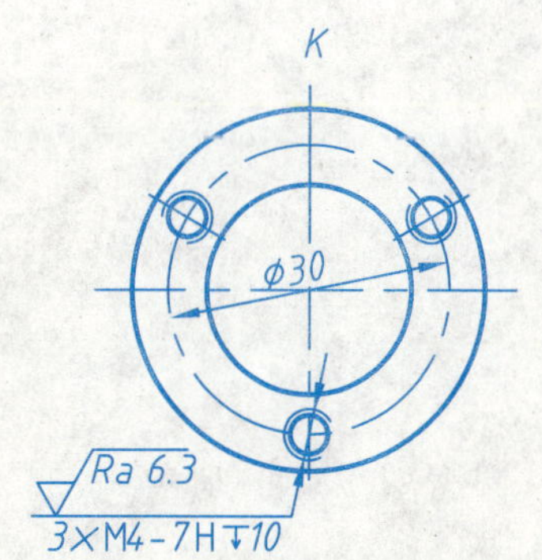

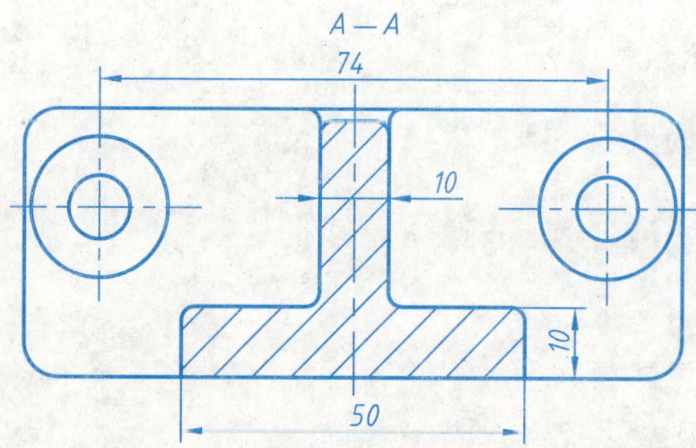

Rz 25 (✓)

读图要求

1. 看懂图形、想象形状、画出右视图；
2. 标出长、宽、高三个方向的尺寸基准；
3. 零件右端面有几个螺孔？其深度为多少？
4. 视图 A—A采用的是什么表达方法？

技术要求

1. 未加工面去毛刺，涂防锈漆；
2. 未注铸造圆角 R2～R3 .

泵 体			比例	1:1		
			数量			
制图			重量		材料	HT200
描图						
审核						

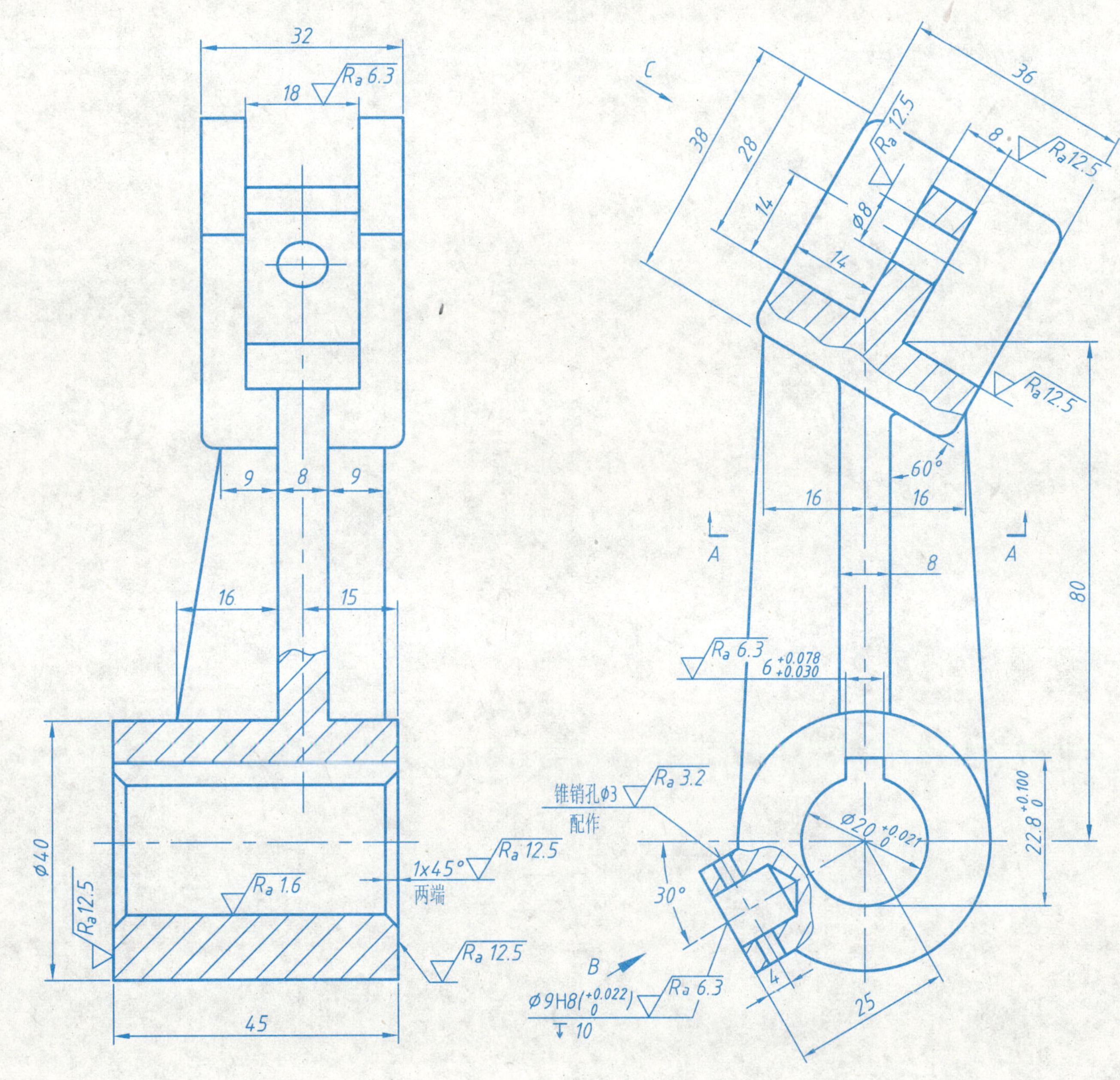

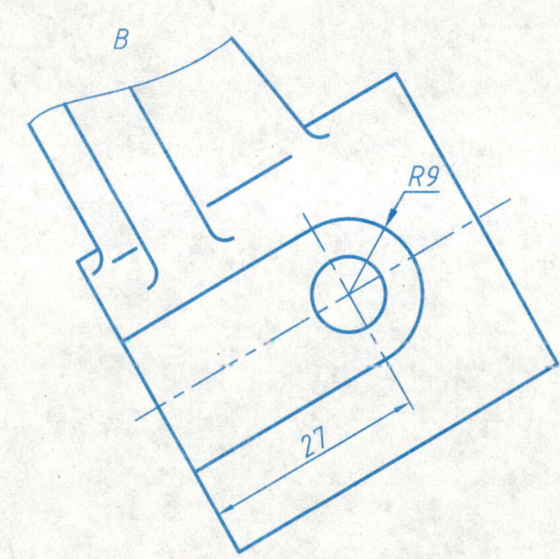

技术要求

1. 未加工面去除毛刺，涂防锈漆；
2. 未铸造圆角R2-R3；
3. 未注尺寸公差按IT16级。

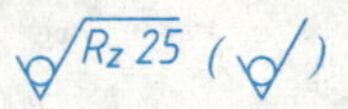

读图要求

1. 该零件采用了哪些表达方法，它们的作用是什么？
2. 看懂图形想象形状，画出A—A断面图；
3. 画出C向斜视图；
4. 作出φ9H8孔的中心线在主视图上的位置。

拨 叉			比例	1:1	
			数量		
制图			重量		材料 HT200
描图					
审核					

8-1 螺纹连接件的装配画法（提示：该页题目可作为计算机绘图练习）

班级　　　　姓名　　　　学号

1. 已知螺纹连接件为：螺栓 GB/T 5782 M16×80，螺母 GB/T 6170 M16，垫圈 GB/T 97.1 16，用比例画法画出螺栓连接的装配图（主视图全剖，左视图画外形）。

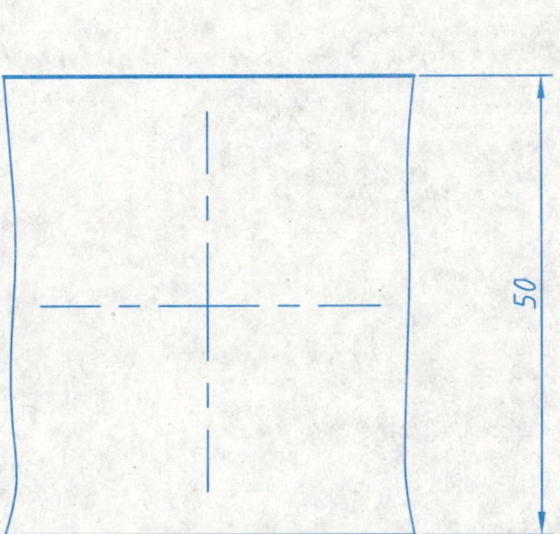

2. 已知螺纹连接件为：双头螺柱 GB/T 898 M16×40，螺母 GB/T 6170 M16，垫圈 GB/T 93 16，机体为铸铁，用比例画法画出螺柱连接的装配图。

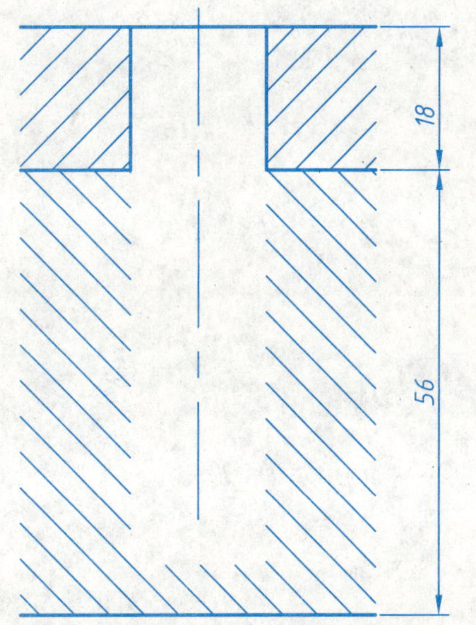

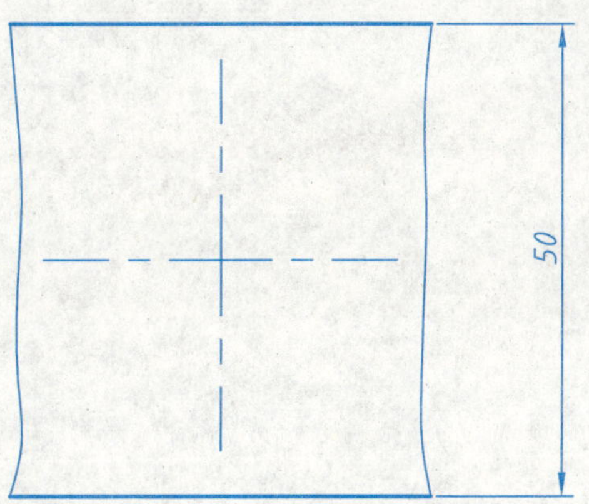

3. 已知螺纹连接件为：螺钉 GB/T 67 M8×20，机体为铸铁，用比例画法画出螺钉连接的装配图（2∶1）。

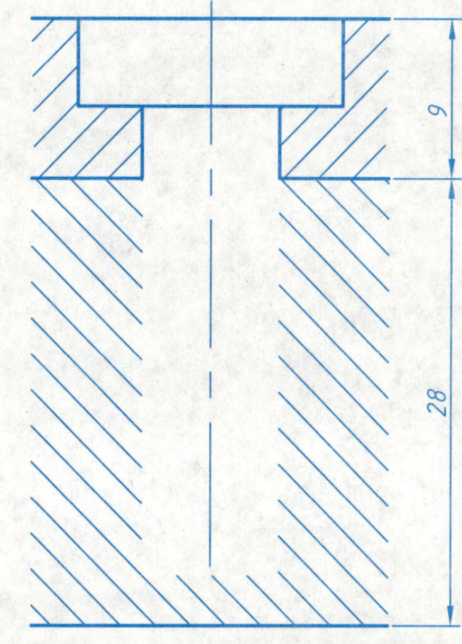

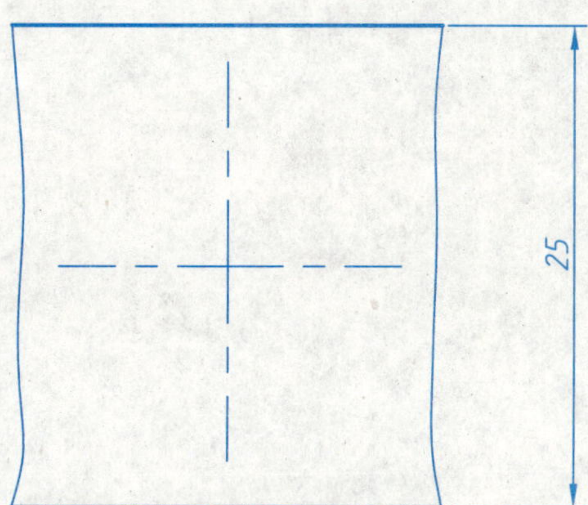

8-2 键连接、轴承、弹簧的画法	班级	姓名	学号

1. 已知齿轮和轴，用A 型普通平键连接。
   (1) 查表确定键和键槽的尺寸，用1∶2画出轴和齿轮上键槽的断面图和视图，并标注尺寸。
   (2) 写出键的规定标记。
   (3) 画全键连接的装配图。

键的规定标记 ______________

(1) 轴

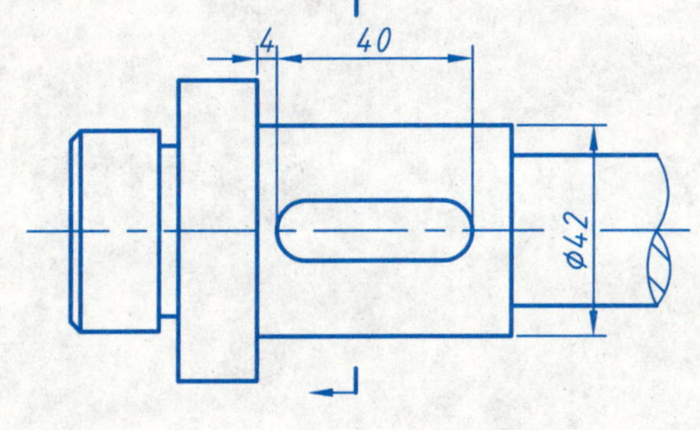

(2) 齿轮

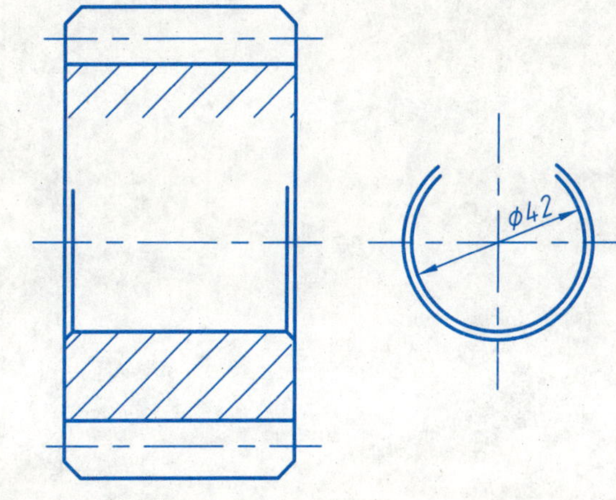

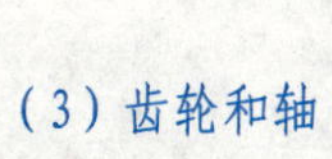

(3) 齿轮和轴

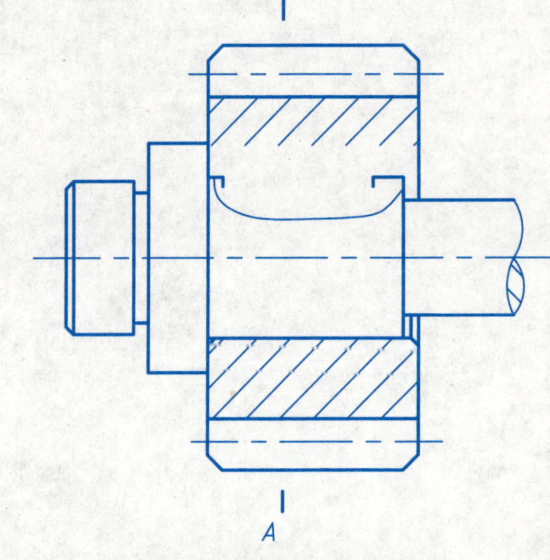

2. 已知阶梯轴两端支撑轴肩处的直径分别为25 mm和15 mm,用1∶1画出支撑处的滚动轴承(规定画法)。

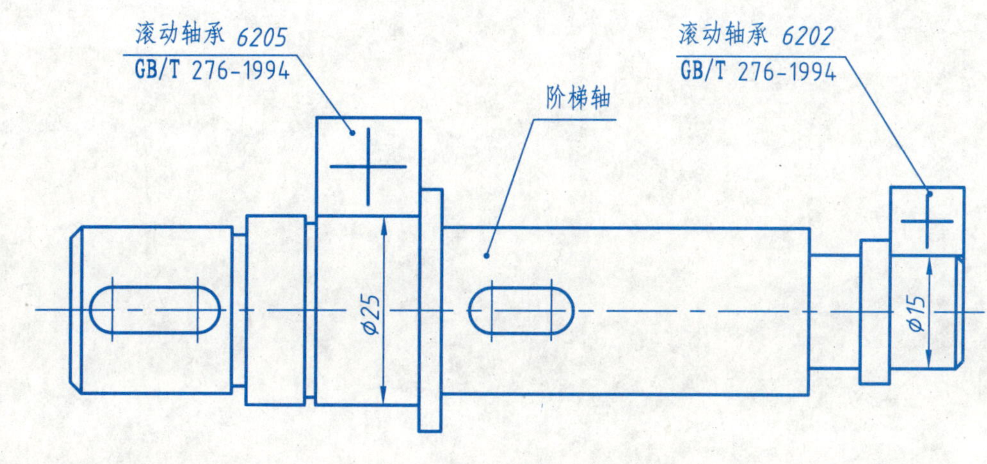

3. 一圆柱螺旋压缩弹簧，外径为42 mm，有效圈为7，支撑圈为2.5，节距为12，材料直径为6 mm，右旋。用1∶1画出弹簧的剖视图。

8-3 绘制千斤顶装配图（提示：该页题目可作为计算机绘图练习）　　班级　　姓名　　学号

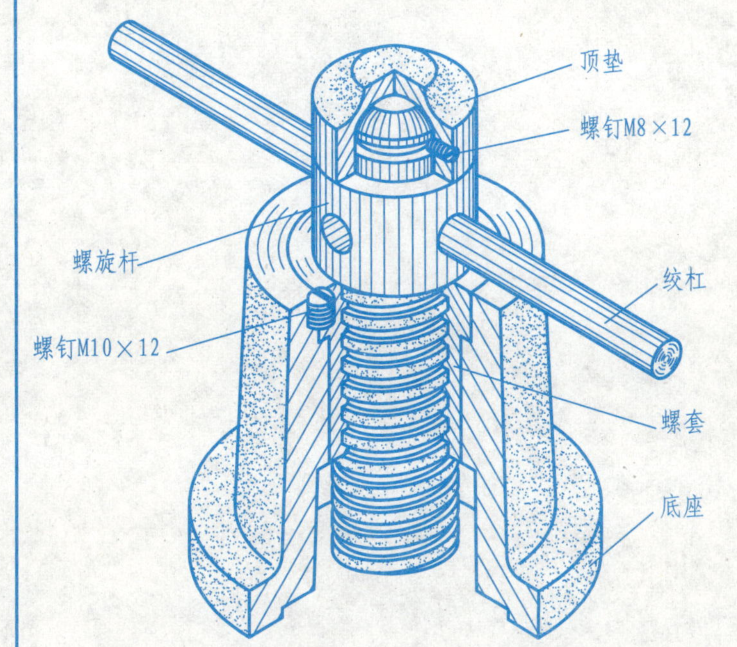

序号	名称	数量	材料	附注
1	顶垫	1	Q275	
2	螺钉 M8×12	1	Q235	GB/T 75-1985
3	螺旋杆	1	Q255	
4	绞杠	1	Q215	
5	螺钉 M10×12	1	Q235	GB/T 73-1985
6	螺套	1	QA19-4	
7	底座	1	HT200	

千斤顶工作原理

千斤顶是汽车修理和机械安装等常用的一种起重或顶压工具。工作时，绞杠穿在螺旋杆顶部的孔中，旋动绞杠，螺旋杆在螺套中靠螺纹作上下移动，顶垫上的重物靠螺旋杆的上升而顶起。螺套镶在底座里，并用螺钉定位，磨损后便于更换修配。螺旋杆的球形顶部套一个顶垫，由螺钉与螺旋杆连接；但不固定，使顶垫不随螺旋杆一起旋转，也不脱落。

作业要求

根据轴测图和零件图，了解部件的装配顺序，用1：1比例和A3图纸或用CAD画出装配图。提示．采用主、俯两个基本视图，其他视图视具体情况而定。

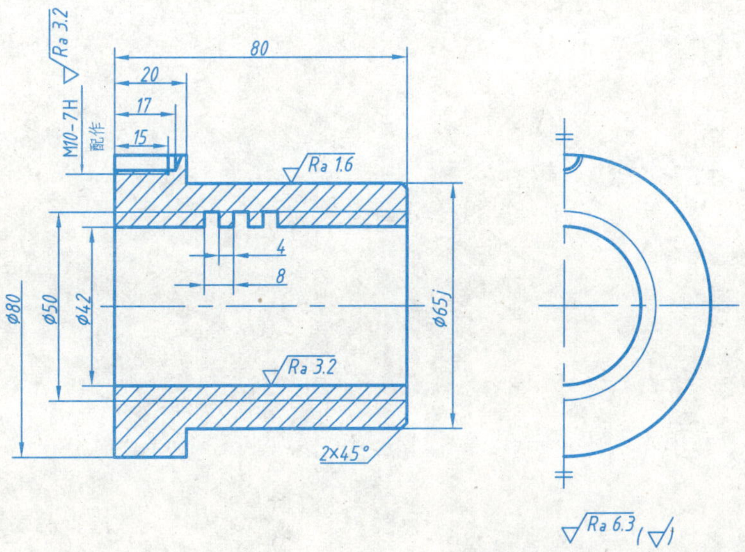

名称	螺套	序号	6
数量	1	材料	QA19-4

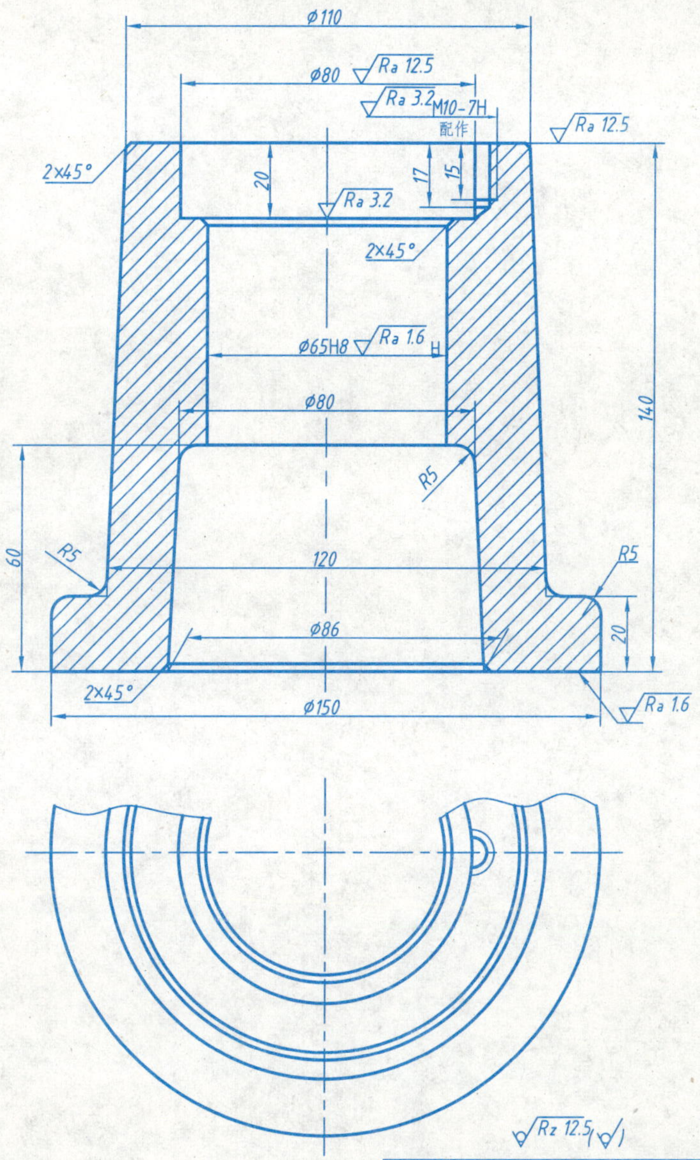

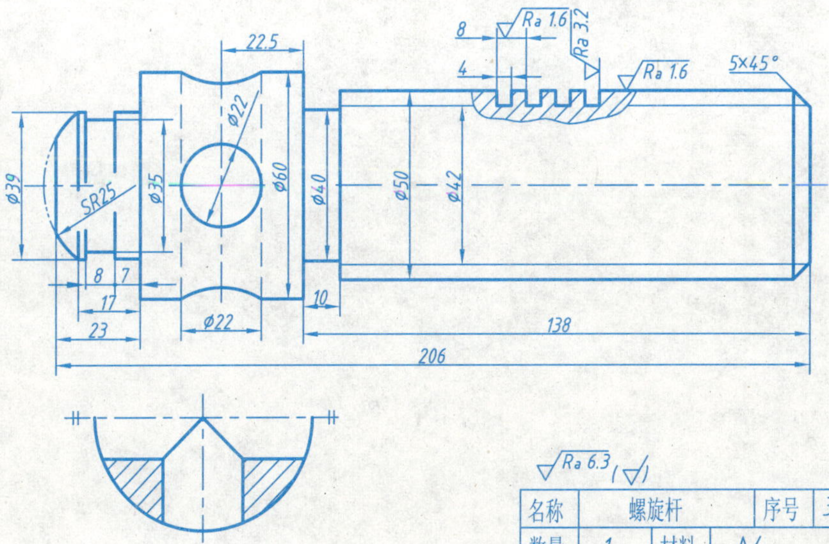

名称	螺旋杆	序号	3
数量	1	材料	A4

名称	绞杠	序号	4
数量	1	材料	Q215

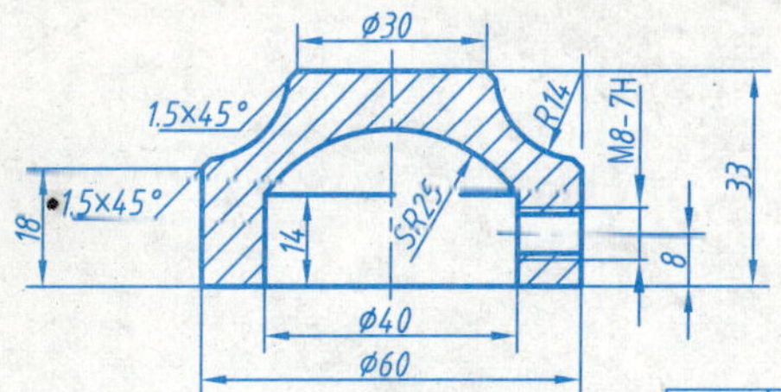

未注倒角：Ra 12.5

名称	底座	序号	7
数量	1	材料	HT150

名称	顶垫	序号	1
数量	1	材料	Q255

8-4 绘制手动气阀装配图（提示：该页题目可作为计算机绘图练习）

班级　　　姓名　　　学号

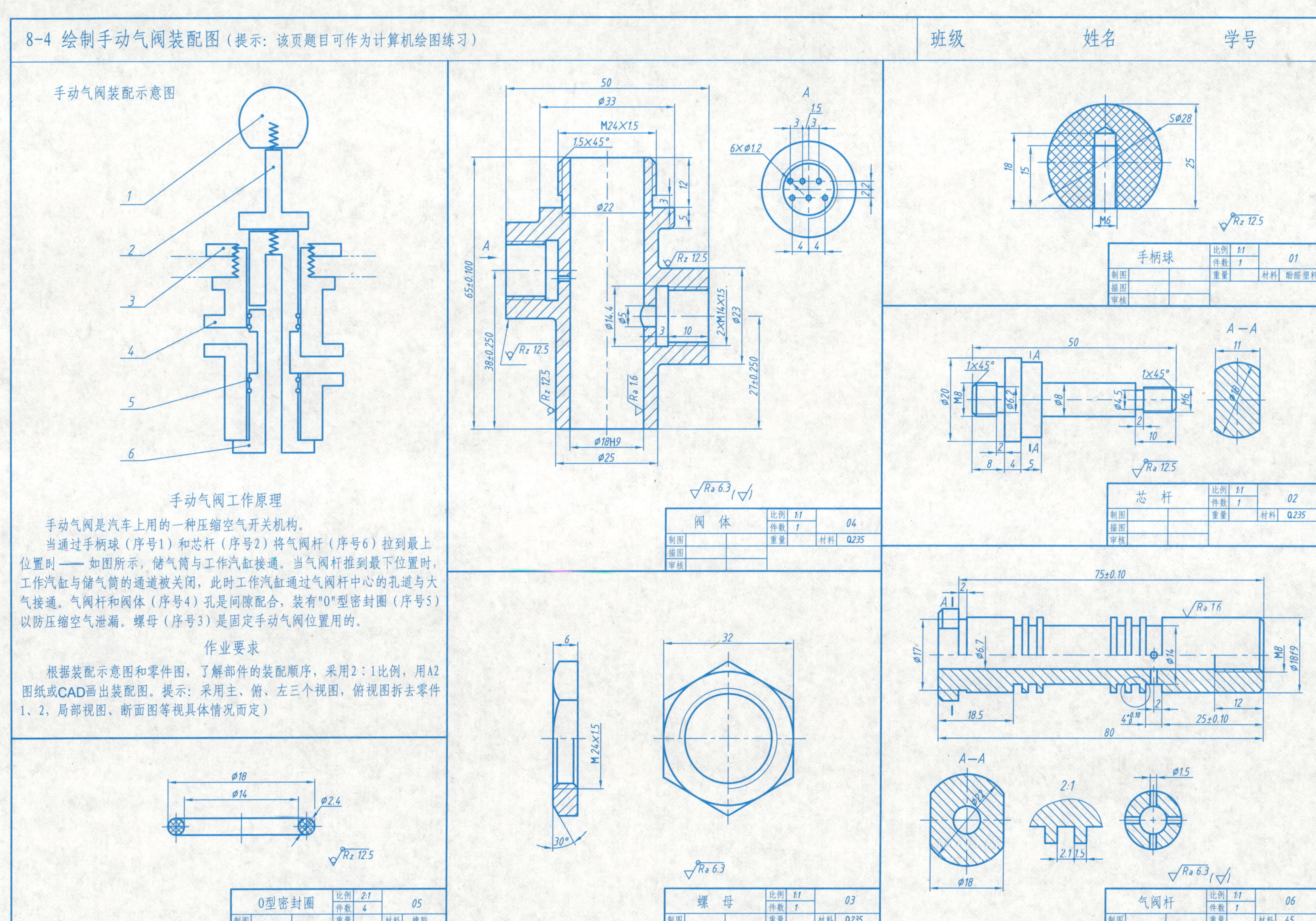

手动气阀工作原理

手动气阀是汽车上用的一种压缩空气开关机构。

当通过手柄球（序号1）和芯杆（序号2）将气阀杆（序号6）拉到最上位置时——如图所示，储气筒与工作汽缸接通。当气阀杆推到最下位置时，工作汽缸与储气筒的通道被关闭，此时工作汽缸通过气阀杆中心的孔道与大气接通。气阀杆和阀体（序号4）孔是间隙配合，装有"0"型密封圈（序号5）以防压缩空气泄漏。螺母（序号3）是固定手动气阀位置用的。

作业要求

根据装配示意图和零件图，了解部件的装配顺序，采用2：1比例，用A2图纸或CAD画出装配图。提示：采用主、俯、左三个视图，俯视图拆去零件1、2，局部视图、断面图等视具体情况而定）

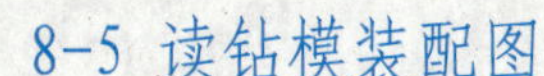

8-5 读钻模装配图

班级　　姓名　　学号

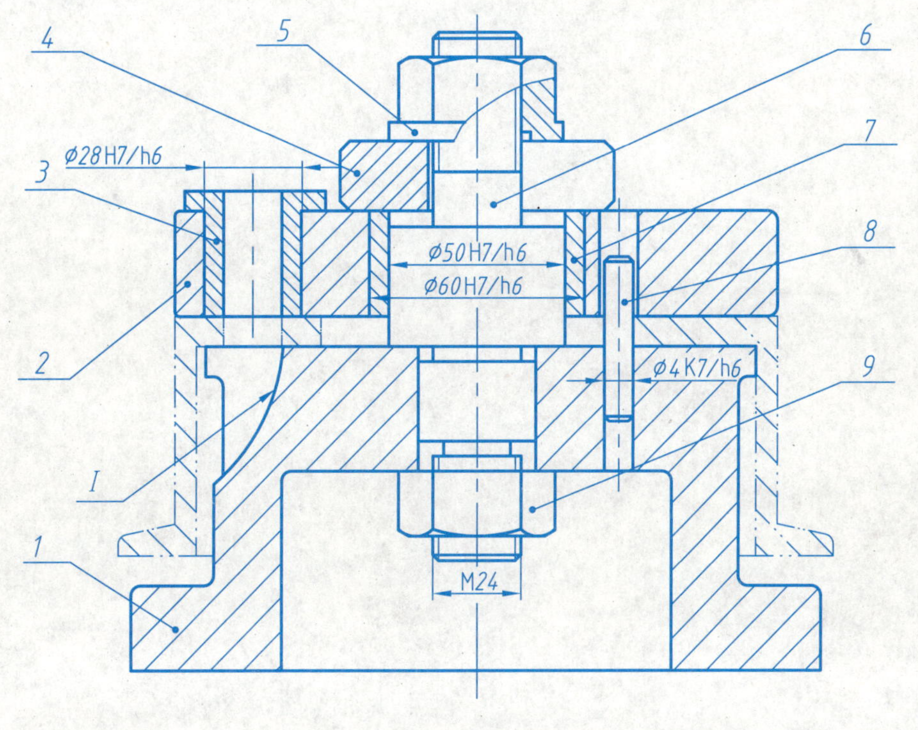

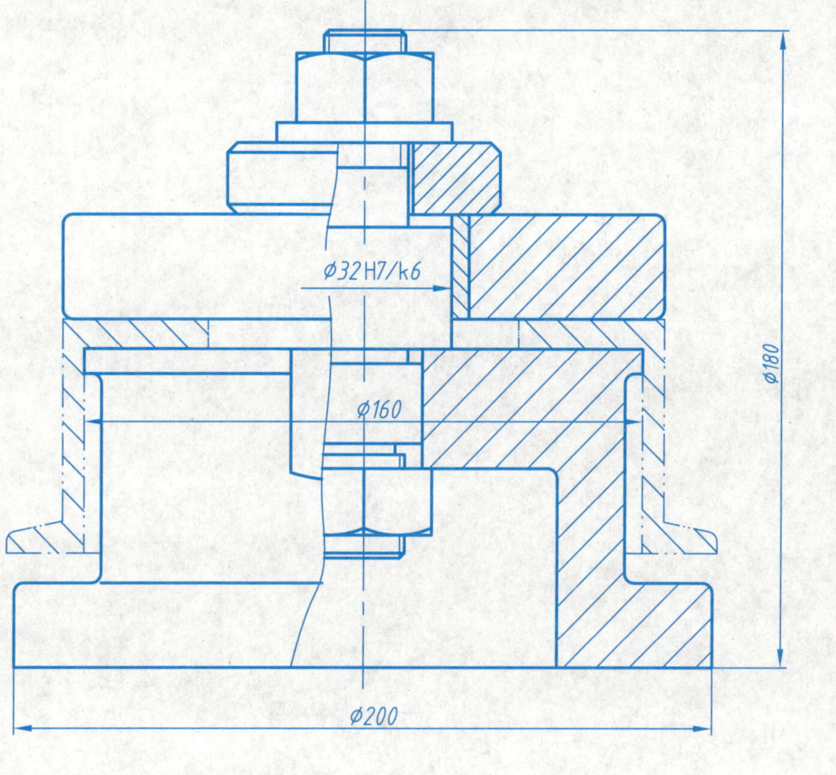

ø130±0.02

3×ø8

钻模工作原理

该钻模是钻床上一种具有120°分布孔的圆盘类零件钻孔的专用模具工件。该工件压在底座1和钻模板2之间，钻头对准钻套3即可较准确地钻削工件上沿圆周分布120°的圆孔，更换钻套3可加工不同直径的圆孔。

读图要求

1. 说明此钻模装卸工件的过程。
2. 主视图上圆弧线 I 表示的是什么结构形状?有何用途？它在底座上共有几处？
3. 圆柱销8起什么作用？
4. 拆绘底座1的零件图，并标注尺寸。

序号	名称	数量	材料	备注
9	六角螺母	1	35	
8	圆柱销	1	40	销ø5×27
7	衬套	1	45	
6	轴	1	40	
5	特制螺母	1	35	
4	开口垫圈	1	40	
3	钻套	3	T8	
2	钻模板	1	40	
1	底座	1	HT150	

120° 孔钻模		比例	1:1	
		件数		
制图		重量		共1张　第1张
描图				
审核				

8-6 读止回阀装配图（提示：该页题目可作为计算机绘图练习）

班级　　姓名　　学号

止回阀工作原理

止回阀是进出口固定不变的单方向阀门。当逆时针旋转阀杆8时，阀杆上移打开阀门，液体从后面M39×2的螺孔口进入，推开阀瓣5，流入阀体1，由阀体下ϕ27孔处流出；当阀杆下移关闭阀门时，阀瓣在弹簧3的作用下恢复原状。

读图要求

1. 说明止回阀的装配过程；
2. 看懂阀瓣5、阀杆8的结构，并画出草图；
3. 弹簧3起什么作用？
4. 拆画阀体1的零件图。

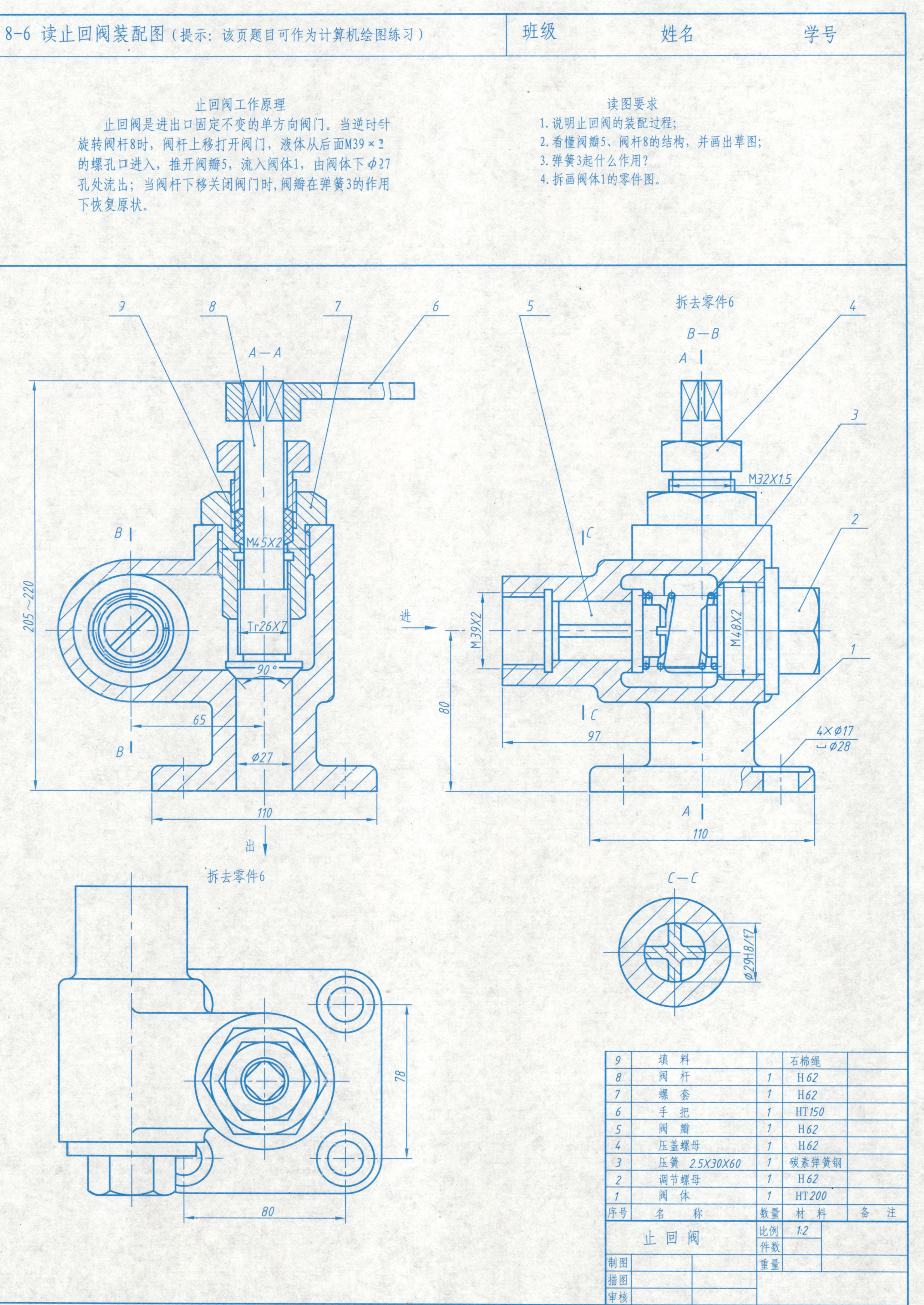

9	填　料		石棉绳	
8	阀　杆	1	H62	
7	螺　套	1	H62	
6	手　把	1	HT150	
5	阀　瓣	1	H62	
4	压盖螺母	1	H62	
3	压簧　2.5X30X60	1	碳素弹簧钢	
2	调节螺母	1	H62	
1	阀　体	1	HT200	
序号	名　称	数量	材　料	备　注

止回阀		比例	1:2	
		件数		
制图		重量		
描图				
审核				

9-1 按1:1的比例在计算机上绘出下列各图，不标尺寸（在此练习基础上，绘制1～3页的零件轮廓，并标注尺寸）

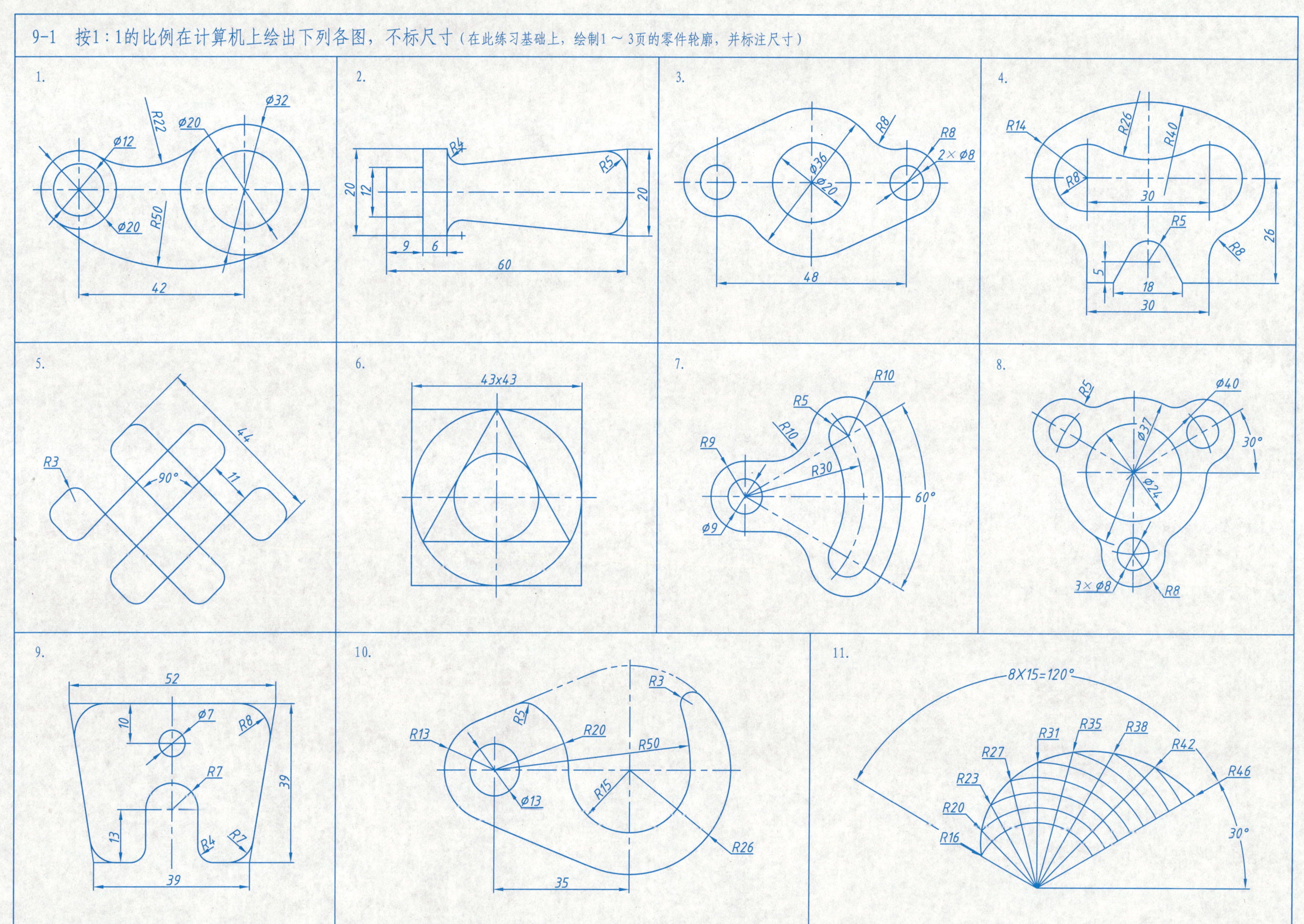